OBSERVATIONS

SUR

LE CARTÉSIANISME

MODERNE,

Pour servir d'éclaircissement au Livre de l'HYPOTHÈSE DES PETITS TOURBILLONS.

Par Mr. DE KERANFLECH.

À RENNES,

Chez JULIEN-CHARLES VATAR, Libraire · Imprimeur Ordinaire du Roi, & du Présidial, *au Parnasse.*

M. DCC LXXIV.

Avec Approbation & Permission.

AVANT-PROPOS.

IL y a deux Cartéſianiſmes; l'ancien, & le moderne. Le premier conſiſte dans le ſiſtême des Tourbillons de Mr. Deſcartes, avec ſes trois matières, ſubtile, globuleuſe, & rameuſe, qu'il crut ſuffiſantes pour rendre raiſon de tout ce qu'il voyoit dans le monde. Ce ſiſtême, mis en comparaiſon avec l'ancienne Philoſophie, l'emporta d'abord. Mais il fut peut-être plus redevable de ſon triomphe & de ſa vogue à la ridiculité du péripatétiſme, qu'à

A ij

son propre mérite : car, après la défaite de ses ennemis, quand on l'a examiné, à son tour, on l'a trouvé bien imparfait. La raison & l'expérience l'ont désavoué, dans le détail ; & il n'a pas pu soutenir la réputation qu'il s'étoit faite. Il a eu de grands ennemis, qui ont fait remarquer ses défauts ; & il a eu de grands amis, qui l'ont heureusement rectifié. Ceux-ci ont vu que Mr. Descartes, au lieu d'imaginer ses trois matières, auroit dû approfondir l'idée du Tourbillon, & porter dans ses détails ce méchanisme lumineux qu'il avoit apperçu dans le gros de la Nature. En conféquence, ils ont fubdivifé les grands Tourbillons en d'autres indéfiniment petits, compofés d'autres encore indéfiniment moindres, & pareillement compofés d'un ordre de fubalternes ; ainfi de fuite, à l'infini ; ou , autant qu'il a plu à Dieu de pouffer la divifion de la matiére.

Cette idée n'eft point une nouvelle hypothèfe ajoûtée à celle de Defcartes. C'eft une extenfion de celle - ci , un développement de fon fiftême, qui le perfectionne , fans le compofer. C'eft enfin cette transformation des trois matières cartéfiennes en petits Tourbillons de divers ordres qui fait , ce que nous appellons ici , *le Cartéfianifme moderne.* Cette transformation s'eft faite par dégrés. D'abord le Père Mallebranche réforma le fecond élément de Defcartes ; & fubftitua , aux globules durs , de petits Tourbillons de matière fubtile. Voyez *les Mémoires de l'Académie* , 1699 *; ou, la Recherche de la Vérité, tome 4e.* Mr. de Molières imagina les petits Tourbillons compofés ; & fubftitua, aux élémens du premier cartéfianifme , trois ordres de petits Tourbillons embcëtés les uns dans les autres. Voyez *les Leçons de Phyfique de Monfieur de Molières.* Mr.

de Gamaches, au lieu de trois ordres, en suppofa à l'infini. Voyez l'*Aſtronomie Phyſique de Mr. de Gamaches*. D'autres célébres Académiciens ont adopté cette ſuppoſition, & l'ont ſçavamment employée, en différens morceaux de Phyſique. Du reſte, il en eſt d'elle, comme de tout ſiſtême philoſophique. Ses partiſans la trouvent bonne; & ſes adverſaires la trouvent mauvaiſe. Aujourd'hui la prévention eſt plus forte que jamais contr'elle; & tant que durera cet enthouſiaſme, qui emporte la multitude, elle ne peut eſpérer un grand ſuccès. Mais la fermentation ne durera pas toujours. Quelque jour, le *vuide*, *l'attraction*, la tranflation de la *lumière*, le *feu* effentiel, & autres merveilles, feront confidérés de fang-froid; & ne fuporteront pas l'examen que des efprits juftes en pourront faire. Mais quand cela mème n'arriveroit pas, n'abandonnons jamais des idées nettes, des vérités démontrées, une théorie intelligible, une phyfique lumineufe, parce qu'elles ont le malheur de n'être pas à la mode. C'eft à ceux qui obéiffent au torrent, à faire leurs réflexions fur cette mode, & à voir fi c'eft la raifon qui doit conduire l'homme raifonnable, ou bien fi c'eft la foule.

Nous avons cru faire voir dans le livre de l'Hypothèfe *des petits Tourbillons*, que cette hypothèfe s'applique heureufement à tous les phénomènes de la Nature, qu'il ne faut qu'en fuivre le développement pour expliquer tous les effets, & que c'eft fur ce fondement qu'il convient de bâtir, fi l'on veut conftruire une bonne phyfique. Mais, dans le deffein d'adreffer cet Ouvrage aux perfonnes bien inftruites, nous y avons fupofé des connoiffances que tout le monde n'a pas, & qui font cependant néceffaires pour bien entendre ce petit écrit.

A v

C'eſt ce qui nous porte à publier les Obſervations ſui-vantes, où nous donnons une notion ſenſible du Cartéſia-niſme moderne, & où nos principes ſont expoſés avec des figures, & en tel ordre, que ceux mêmes qui n'ont pas le livre * de *l'Hypothèſe des petits Tourbillons*, n'en verront pas moins la fécon-dité, & les avantages de ce ſiſtême.

------

* On le trouve chez l'Imprimeur de ces Obſervations, avec *l'Eſſai ſur la Raiſon*, & autres Ouvrages du mê-me Auteur.

OBSERVATIONS
SUR
Le Cartéfianifme Moderne.

Ière. OBSERVATION.

*Sur la conftruction de l'Hypothèfe
des petits Tourbillons.*

ON peut fe répréfenter un *Tourbillon*, comme un globe de pouffière exactement rond, qui tourne rapidement fur lui-même. Un tel Tourbillon fe nomme, *fimple.*

Mais, fi chaque brin de pouffière devient un tourbillon femblable au premier, alors ce premier s'appellera, *Tourbillon compofé.*

A v.

Nous fuppofons ici que l'air ; tous les efpaces céleftes, & généralement tous les liquides, confiftent en *Tourbillons compofés* ; & que, de même que les tourbillons de la première grandeur font compofés d'autres plus petits, qui rempliffent leurs capacités, & les interftices qu'ils laiffent entr'eux, de même ces petits tourbillons immédiatement fubalternes ont leurs capacités & leurs interftices remplis d'un 3e. ordre ; que ce 3e. ordre eft pareillement completté d'un 4e., ainfi à l'infini, ou, autant qu'il a plu à Dieu de pouffer la divifion de la matière.

On voit, par cette difpofition, que chaque ordre de tourbillons eft fans interruption, & qu'il eft partout auffi exactement que s'il n'y avoit que lui. Le plus grand ordre eft partout, le fecond eft partout, le troifième, & ainfi des autres.

Tous les tourbillons du même

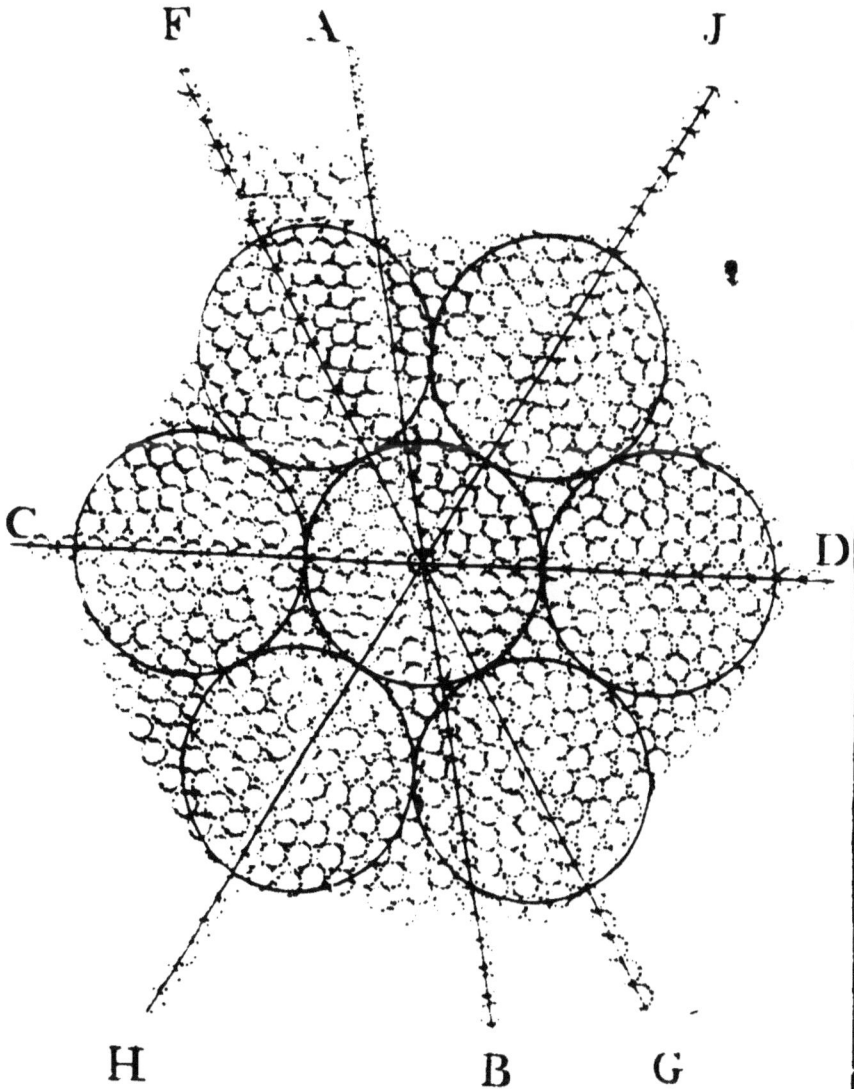

Fig: I-ere

F A J

C D

H B G

Ollivault   Rennes

ordre, phyfiquement parlant , font égaux. Mais il faut conce- voir une différence prodigieufe entre ceux de différens ordres , pour la grandeur. Plus cette dif- férence eft extrême, plus les tour- billons font exactement ronds ; & plus les angles folides des interfti- ces font finement travaillés, fi on peut s'exprimer de la forte.

Tout tourbillon eft *élaftique* : car toute la matière qu'il contient s'efforce continuellement de s'é- loigner du centre. Ainfi, fi quel- que caufe le comprime extérieu- rement , & lui fait changer de fi- gure, il lutte inceffamment contre cette caufe ; & , auffitôt qu'elle céde , il reprend fa rondeur.

C'eft de cet effort continuel que font les tourbillons pour s'ar- rondir , & pour s'étendre , que dépend l'élafticité des corps fo- lides. Ce font les petits tourbil- lons applatis, ou allongés, pen- dant l'étréciffement des pores d'un bâton courbé, qui en se rétablissant redressent ce même bâton. C'est encore de cette propriété des petits tourbillons des liquides que vient l'élasticité de ceux - ci, leur mouvement, ou leur pesanteur en tout sens, la force de la poudre, &c.

Mais de même que les petits tourbillons de divers ordres diffèrent prodigieusement, pour la grandeur des masses ; de même leurs élasticités diffèrent - elles, comme à l'infini. Ainsi, par exemple, si un tourbillon, comprimé par un coup, s'applatit & se rétablit en une seconde de temps ; un tourbillon d'un plus petit ordre s'applatiroit & se rétabliroit mil millions de fois, dans ce même temps. D'où il suit que les vibrations d'un ordre ne peuvent s'accorder, pour la promptitude, avec celles d'un autre, qu'un ordre mis en vibrations ne peut jouer qu'avec lui-même.

& que chaque ordre par confé-
quent peut tranfmettre une impreffion, fans qu'aucun autre ordre la puiffe fentir.

On voit encore ici qu'un même tourbillon peut tranfmettre,
fans confufion, plufieurs impref-
fions qui fe croifent, puifqu'à
raifon de fon élafticité, dans quelque point de fa furface qu'il foit
comprimé, le point diamétrale-
ment oppofé en fentira le con-
tre-coup. Ainfi l'impreffion du
point *A* pourra paffer dans *B*,
tandis que celle de *C* paffera
dans *D*, celle de *G* en *F*, celle d'*I*
en *H*, &c. Ce qui n'arriveroit
pas, fans doute, fi le point de croi-
fement n'étoit un tourbillon. Car
fi c'étoit un corps folide, au lieu
de tranfmettre chaque mouvement diftinctement & avec netteté, il en compoferoit un nou-
veau, felon une feule direction,
qui ne feroit aucune des quatre premières.

La feule vue de la conftruction de cette hypothèfe fait appercevoir une partie de fes avantages merveilleux, & combien elle doit être féconde en explications lumineufes.

On y voit d'abord le principe de l'élafticité première, qu'aucun autre fiftême ne peut fournir ; ce qui eft déja uné clef de la Phyfique, puifque tout eft élaftique dans la Nature ; & que, tandis qu'on ignore la caufe de l'élafticité première, on n'explique point ce qu'on croit expliquer, par le moyen de la feconde.

En donnant aux moindres parties de l'éther, & généralement des liquides, la forme de *tourbillons*, on rend le mouvement indéfectible, par la propriété du mouvement circulaire, felon laquelle un *tourbillon qui preffe la concavité environnante avec une force finie, ne peut perdre de fon mouvement qu'une portion infini-*

ment petite, pendant une durée
finie, quelque grande qu'elle foit.
C'eft pour cela, par exemple,
que la propagation de la lumière
& du fon, la force du tonnerre
& de la poudre, les élafticités
des différentes fortes de corps,
font immuablement les mêmes depuis le commencement du monde, & que la Nature, ni ne s'af-
foiblit, ni ne dégénère en aucune
forte. Or nulle autre forme que
celle de *petits tourbillons*, ne lui
eût procuré cet avantage, puifqu'il ne peut y avoir de mouvement durable que celui qui rentre
en lui - même.

Nulle autre conftruction de
l'éther & de l'air ne peut faire
concevoir diftinctement comment différens véhicules fubfiftent & s'exercent enfemble, en
tout lieu, fans interruption, fans
confufion, fans s'embarraffer,
fans fe nuire, comme on voit que
le *fon* & la *lumière* fe propagent

ensemble & se croisent, avec la même netteté & la même précision que si chaque véhicule agissoit seul, & qu'il fût, pour ainsi dire, le seul au monde.

Nul autre sistême n'a encore expliqué cette coexistence simultanée de divers véhicules, en même temps, en tout lieu. Il ne suffit pas de dire, avec un célébre Auteur, que l'air, par exemple, est composé de particules de différens volumes, mêlées ensemble sans aucun ordre; que les plus grosses servent de véhicule à un certain *ton*; celle d'une autre grosseur, à un autre, &c. Car il est clair qu'alors nul véhicule n'est continu. Chacun, au contraire, est interrompu, & embarrassé par les autres; &, loin de parvenir ainsi à expliquer les propagations simultanées de divers tons, on ne peut même proprement bien expliquer la propagation d'un seul.

On ne peut pas dire, non plus,

que le même véhicule puisse tranfmettre tous les tons, ni que le
même véhicule tranfmette toutes les couleurs : car le même
véhicule n'eft fufceptible que de
la même promptitude de vibration. Ainfi il ne peut tranfmettre que tel ton, ou bien, telle
couleur. Donc notre conftruction de l'air, & de l'éther, eft
la feule qui femble devoir expliquer ce qui regarde la propagation du fon, & de la lumière.
Nous lui trouverons le même
avantage en bien d'autres occa-
fions, dans la fuite. Voyez *l'Hypothèfe des petits Tourbillons*, **p.**
254, *& fuivantes.* On peut nous
faire une objection qui demande
une réponfe.

OBJECTION.

Si l'air, l'éther, & les liquides confiftoient en petits tourbillons, ce ne feroient que des

amas confus de mouvemens contraires, que cette contrariété même détruiroit sans tarder. Qu'on
excite, par exemple, une infinité
de mouvemens selon une infinité
de directions diverses, dans une
liqueur : on voit que tous ces
mouvemens ne tardent point à
cesser. Vos amas de tourbillons,
qui se résistent mutuellement, qui
tournent indistinctement en tout
sens, &c. ne sont-ils pas dans
le même cas ?

RÉPONSE.

Non, sans doute. Nos petits
tourbillons ne se combattent pas
de front. Ils ne se résistent pas
mutuellement, comme se résiste-
roient deux courants qu'on diri-
geroit l'un vers l'autre. C'est ce
qu'il importe de bien remarquer.
Chaque tourbillon est immédiatement environné, non de ses
semblables, mais d'interstices ;

& , en comparaifon de l'étendue de ceux-ci , les points de contingence de ceux-là ne font tous rien. Or ces interftices font fort tranquilles relativement aux tourbillons qu'ils féparent. Ceux qui en doutent, s'en peuvent affurer, en obfervant attentivement les rivières qui paffent fous de grands ponts , où l'on voit que les eaux qui ont paffé fous des voûtes contiguës , ne fe rejoignent pas immédiatement, mais qu'elles laiffent entr'elles une eau tranquille, une eau indépendante & immobile , dont la maffe n'augmente, ni ne diminue par les écoulemens collatéraux , & fait une figure affez approchante de l'angle d'un interftice de tourbillons. On voit par-là comme chacun de ceux-ci fe contient paifiblement dans fes bornes , & que leur arrangement ne doit faire craindre aucune extinction de mouvement. Dans cet exemple fenfible on voit le fait. Voici comme on en peut concevoir la manière.

Chaque point de la surface d'un tourbillon parcourt une courbe. Il la preſſe conſtamment avec une force finie. Mais il ne perd de ſon mouvement, à chaque révolution , qu'un infiniment petit du premier ordre , à cauſe de la petiteſſe infinie des angles de contingence de cette même courbe. Deux tourbillons, qui ne ſe touchent qu'en un point, gliſſent conſéquemment l'un ſur l'autre avec une telle obliquité , qu'en ſe preſſant mutuellement avec des forces finies , ils ne perdent rien de ces forces. Voilà le principe géométrique ; & il eſt facile à concevoir dans l'Hypothèſe des petits tourbillons. Car, ſi les deux parties touchantes vont de même ſens, on voit qu'elles ſe touchent préciſément *ſans ſe frotter* ; & ſi elles vont en ſens contraire, on voit qu'étant com-

posées de petits tourbillons pareillement composés d'autres plus
petits, dont les axes se culbutent
avec une légèreté & une lubrici-
té infinie, on voit, dis-je, que
ces petites portions ne *se frottent*
pas non plus ; leurs petites surfa-
faces se pouvant ajuster, avec
docilité, selon le même sens : de
sorte que les points touchans des
tourbillons roulent, en s'appuyant mutuellement, & qu'ils
avancent de même, sans rien
changer aux vitesses progressives
qui emportent les centres de
part & d'autre.

Il en est de même de la manière dont la superficie de l'in-
terstice s'accommode à celle du
tourbillon ; chaque point de l'u-
ne trouvant dans l'autre un point
parfaitement semblable, avec
lequel il est en équilibre, & dans
une répulsion mutuelle, à cause
de la contingence oblique, &
contre lequel il s'appuie, comme

on vient de le dire. Voilà ce
qui détache les tourbillons des
interftices environnans ; & ce qui
détache les eaux courantes , de
l'exemple ci-deffus, des eaux im-
mobiles, & comme folides, qu'elles laiffent entr'elles.

Si donc les interftices des tourbillons , dont les furfaces fe touchent, font d'ailleurs exactement
pleins, & auffi exactement com-
primés que les points touchans ,
on conçoit que ces furfaces de-
meureront fphériques, & que ces
tourbillons ne pourront perdre
la moindre quantité finie de mouvement circulaire , pendant toute la durée du monde. Où fera
donc la confufion ? Où fera la
deftruction des mouvements contraires ? Où fera même cette
contrariété ? Où fera enfin la
reffemblance du méchanifme ré-
gulier qui s'obferve entre des
tourbillons compofés, en équilibre entr'eux, avec le tapage ex-
cité

cité dans la liqueur dont on nous parle ?

IIe. OBSERVATION,

*Sur la réfraction de la Lumière, &
la réfrangibilité des Couleurs.*

MONSIEUR Defcartes
voyant que la lumière
s'approchoit de la *perpendiculaire*,
en paffant de l'air dans l'eau, &c.
(ce qui eft le cortraire de ce
qui arrive dans la réfraction des
corps folides,) crut qu'un milieu
d'une plus grande denfité étoit
plus perméable à la lumière, &

Voyez, pour la poffibilité, & les propriétés
des petits Tourbillons,

Les Leçons de Mclières, 2e. & 3e.

L'Aftronomie Phyfique de Gamaches, Dif-
fertations 6, & 7.

Et la Lettre qui termine le livre de *l'Hypothèfe des petits Tourbillons*, avec le Difcours
préliminaire qui eft à la tête de ce même Livre.

qu'ainſi apparemment la lumière y accéléroit ſon mouvement.

Mr. Newton, attribuant cette tendance vers la perpendiculaire à l'attraction du milieu denſe, crut pareillement que la lumière accéléroit ſa propagation, dans un milieu plus denſe. Ainſi ces deux Meſſieurs ont ſuppoſé l'accélération de la lumière, dans le paſſage du moins denſe au plus denſe. Mais ils n'ont fait cette ſuppoſition, que parce qu'ils en avoient beſoin. Ils n'ont point expérimenté cette accélération prétendue, & ils n'en ont donné aucune preuve.

Que la viteſſe de la lumière ſoit différente en différents milieux, cela eſt croyable. Mais, la viteſſe comme infinie de cette propagation empêchant d'en faire l'expérience, il en faut venir néceſſairement à ce que nous en dit la raiſon. Or je demande à tout l'Univers, à tout être raiſonna-

ble, s'il eft croyable, s'il eft fou-
tenable, s'il eft concevable qu'un
milieu plus denfe foit plus facile,
& fi la liberté de la lumière doit
augmenter felon toutes les ma-
nières de raifonner, lorfque tous
les obftacles augmentent, & qu'ils
fe multiplient. C'eft ce qu'on ne
peut croire, à ce que je m'imagine; & je n'ai pas meilleure idée
de l'hypothèfe de Mr. Newton.

La lumière, difent les Newtoniens, eft plus attirée dans le milieu denfe. . . . . . . Mais on
expérimente que des milieux
moins denfes que l'eau, réfractent
la lumière autant, ou plus. Donc
un milieu prétendu plus attirant
n'en eft pas plus réfractant. Ainfi
on attribue fauffement la réfraction de la lumière à l'attraction;
& on fuppofe gratuitement fon
accélération dans un milieu plus
denfe.

Les Newtoniens, pour défen-
dre leur fiftême contre une expé-

rience fi incommode, fuppofent dans ces milieux moins denfes, & néanmoins plus réfraƈtans, *deux efpéces* d'attraƈtion ; l'une provenant de la denfité ; l'autre, de la qualité de ces matières. Dans une autre occafion, s'il le faut, ils en imagineront une troifiéme. Il eft impoffible de demeurer court, avec cette manière de philofopher. Allons cependant jufqu'au bout ; & voyons fi, en multipliant les *attraƈtions*, & les merveilles, on réuffit ici, comme on le penfe.

La lumière, difent les Newtoniens, fe propage tranflativement ; & , lorfque dans la réfracmtion elle s'approche de la perpendiculaire, c'eft à caufe de l'attracmtion, ou des attraƈtions du milieu denfe. Ainfi un rayon n'eft plus rompu que parce qu'il eft *plus attiré.* Comment donc ce *plus attiré*, ce plus fenfible aux attraƈtions du milieu, eft - il le

plus *réflexible*, ou le premier à
ceffer d'entrer, tandis que les
moins attirés s'obftinent davantage à ne pas quitter ?

Le rayon lumineux, felon l'Hypothèfe Newtonienne, ne fe réfléchit pas, dans cette occafion,
en s'appuyant fur quelque chofe:
il fe réfléchit exactement de deffus le *vuide* du pore. Car, dès
qu'un rayon lumineux ceffe de
fe rompre, la première particule
qui fe réfléchit, ne peut s'ap-
puyer fur la dernière qui entre
dans l'eau ; puifque celle - ci, à
caufe de la prétendue accélération de la lumière, a plus de vitef-
fe que celle - là. Ainfi donc la
réflexion fe fait de deffus le *vuide.*
Et, fi le rayon violet fe réfléchit avant les autres, c'eft un
effet, non - feulement fans caufe, mais contraire à toute caufe : car ce rayon s'empreffe de
fuir, comme par bifarrerie, le
milieu vers lequel il eft le plus
attiré.   B iij

On dira peut-être que le rayon s'appuie, lors de la réflexion, contre quelque parois du pore. Mais il est démontré, par l'égalité des angles de réflexion & d'incidence, que la réflexion se fait de dessus quelque surface parallèle à celle de l'eau ; & les parois dont il s'agit, sont inclinés à cette dernière. Il faut donc que la réflexion se fasse de dessus le pore même. C'est aussi ce que prétend Mr. Newton : & alors je demande, encore un coup, pourquoi le rayon le plus attiré est le premier à cesser d'entrer ?

On peut encore ici faire une remarque sur cette merveilleuse attraction, que l'on emploie pour expliquer la réfraction de la lumière. La terre, selon les Newtoniens, attire infiniment plus les graves, que ceux-ci ne s'attirent entr'eux. C'est pour cela qu'on ne voit pas les corps sensibles donner des signes d'attrac-

tion collatérale , & tendre réciproquement les uns vers les autres. Voilà leur principe favori,
tandis qu'il ne les gène pas. Mais,
dans les explications particulières , où il les embarraffe , ils y
renoncent. Car fi on fait entrer
horizontalement un rayon de lumière , de l'air dans le verre , ils
emploient l'attraction du verre,
pour expliquer la réfraction , &
la diverfe réfrangibilité des différentes couleurs. Tous les corps
tranfparents , dans ces cas - là , -
attirent la lumière; & l'attraction
terreftre eft feule comptée pour
rien. Car un prifme horizontal
rompt les rayons , de la même
manière , & fuivant les mêmes
angles , vers en - haut , & vers
en - bas.

Il en eft de même d'une infinité d'explications particulières
où ils emploient *l'action attractrice*
des moindres particules de la
matière, les unes fur les autres;

tandis que des maſſes extrêmement lourdes, ſoit ſuſpendues,
ſoit flottantes, à un doigt de diſ-
tance entr'elles, ne ſe donnent
aucun ſigne d'attraction, quoiqu'elles ſoient ſenſibles au moindre ſouffle. Mais ne parlons
ici maintenant que de ce qui regarde la lumière.

Un des grands ſervices que Mr.
Newton a réellement rendu à la
Phyſique, c'eſt ce qu'il a eu l'a-
dreſſe d'obſerver ſur la lumière, &
les couleurs. Mais, en cette occa-
ſion, comme en mille autres,
ſon ſervice conſiſte uniquement
en ce qu'il a obſervé le fait. Car
l'explication du phénomène, ſoit
de la lumière, ſoit des couleurs,
eſt abſolument impoſſible dans le
ſiſtème de Mr. Newton.

La *propagation* de la lumière,
par une tranſlation locale, ſans
cauſe méchanique ; ſa *direction*,
malgré ſa peſanteur ; ſes *croiſe-
mens*, malgré les règles du mou-

Fig: 2

Rayon folide de
Lumiere paſſant
de l'air dans l'eau

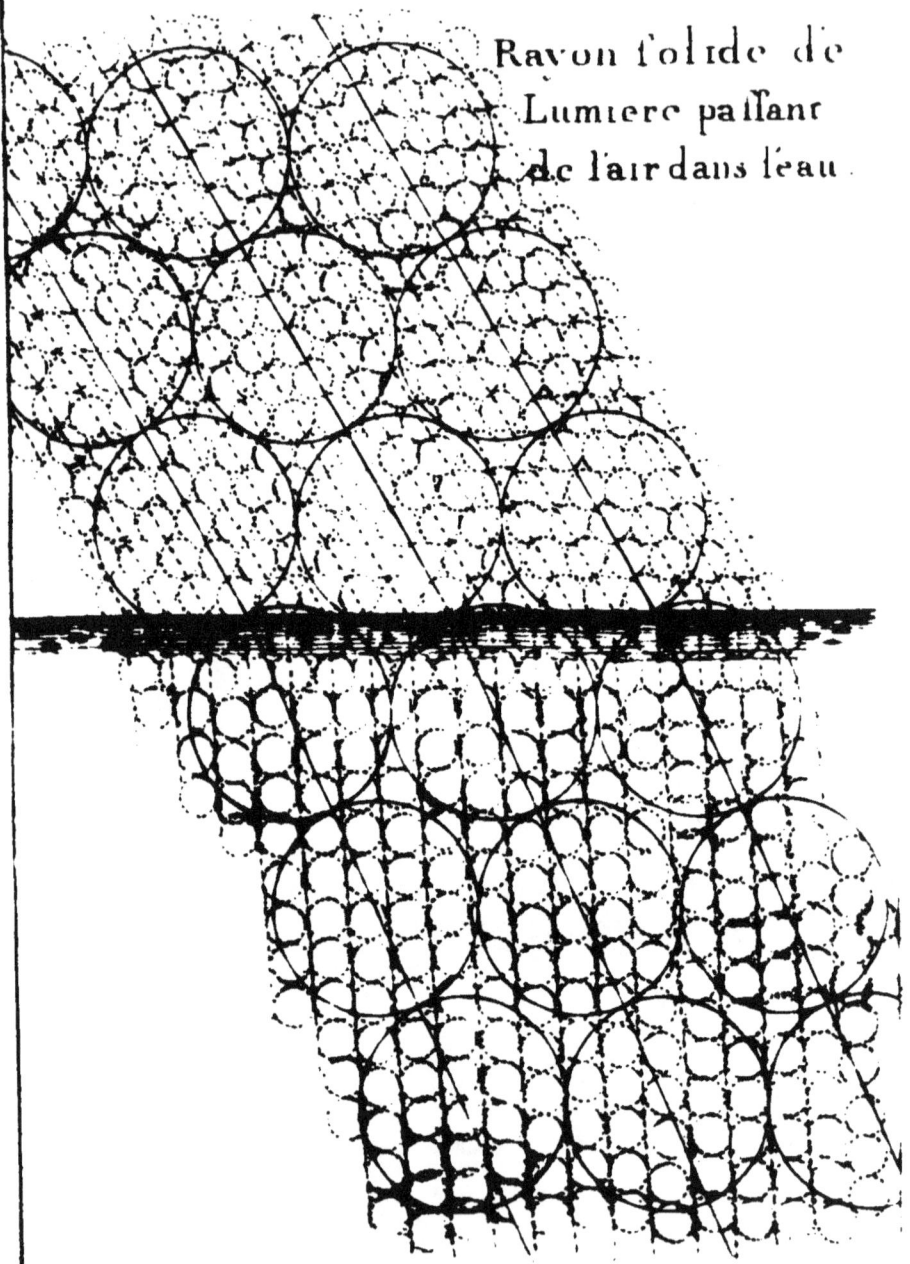

vement compoſé ; ſa *réfraction* par attraction , malgré les contradictions ; ſa *réflexion* , de deſſus le vuide des pores ; la réfrangibilité, & la réflexibilité des couleurs, dont ni le vuide ni l'attraction ne peuvent donner la cauſe ; tous ces points, dis-je, ſont au moins des myſtères ; & ne ſont guères propres à contribuer au progrès de la bonne Phyſique.

De tout ceci, ce ſemble, il convient de conclure que, dans les milieux denſes, la lumière ne s'approche de la perpendiculaire, ni à raiſon d'attraction, ni à raiſon de facilité de milieu ; mais à raiſon de molleſſe & de relâchement de reſſort, dans les petits tourbillons qui compoſent le véhicule de la lumière.

Ainſi diſons, comme le bon ſens l'exige, que la propagation de la lumière eſt retardée dans les milieux plus denſes : & ſoyons naturels, en expliquant la plus belle partie de la Nature.

Venons à la cause méchanique de la réfrangibilité des différentes couleurs. Chaque couleur ayant, pour véhicule, un ordre de tourbillons de l'éther, il n'eſt pas ſurprenant que chacune d'elles ait ſon dégré de *réfrangibilité* & de *réflexibilité*, comme l'a obſervé Mr. Newton. Car qu'un rayon ſolide de lumière, compoſé de tous les ordres, ſe préſente pour entrer, de l'air dans l'eau. L'eau contient auſſi tous les ordres : mais ils n'y ſont, ni ſi dégagés, ni ſi élaſtiques, ni ſi vifs que dans l'air. Le rayon incident ſentira donc la foibleſſe de leur reſſort, & s'approchera auſſitòt de la *perpendiculaire.* Mais cette foibleſſe n'eſt pas la même, relativement à tous les ordres. Les plus petits ſont *relativement* moins élaſtiques, & moins dégagés, dans un milieu plus denſe. C'eſt-à-dire, qu'en

un milieu denfe, où tous les ordres de tourbillons perdent généralement de leur vivacité, les
plus petits ordres relativement
y fouffrent la plus grande perte.
Ainfi les plus petits ordres fe
rompront davantage. V. *l'Hy-*
pothèfe des petits Tourbillons,
pag. 76 & fuiv. & pag. 274 &
fuiv. La réflexibilité n'eft pas
plus difficile. *ibid. p. 78 & fuiv.* *.

IIIe. OBSERVATION,

Sur les Liquides.

LA *réfraction* de la lumière,
fes *croifemens*, les différentes *réfrangibilités & réflexibilités*

---

* Il faut remarquer que la lumière, dans l'Hy-
pothéfe des petits Tourbillons, ne fe propage
point par les pores de l'eau, mais par l'eau
même, dont les tourbillons font en equilibre
avec ceux de l'éther.

des couleurs , le principe de l'élafticité en général , l'indéfectibilité
des forces de la Nature , & la
continuité des divers véhicules
qui fubfiftent & s'exercent enfemble dans le même efpace, fans
aucun trouble ; tous ces points ,
dis - je , font autant de preuves,
autant de titres juftificatifs de la
vérité de l'Hypothèfe des petits
Tourbillons. Mais les propriétés
des liquides, felon les obferva-
tions les plus récentes , fournif-
fent une feconde claffe de preuves , qui ne font , ni moins vic-
torieufes , ni moins fenfibles que
les premières. *Voyez l'Hypothèfe*
des petits Tourbillons , article des
Liquides ; & les excellentes Le-
çons de Molières , fur l'air , &
fur l'eau. Ici nous nous conten-
terons de préfenter quelques traits
qui feront affez juger du refte.

Le reffort , la force inteftine,
& la pefanteur des liquides en
tout fens , déoncertent tous les

autres fiftêmes. Mais l'explication en faute aux yeux, fi on
jette un coup d'œil fur la conftruction de notre Hypothèfe.
C'eft ce qui eft fi palpable & fi
évident, que le parti le plus raifonnable eft de ne pas l'expliquer davantage.

Dans les autres fiftêmes, c'eft
un embarras de faire entendre
comment les vapeurs, qui péfent
évidemment plus que l'air, ne
laiffent pas d'y monter; & pourquoi une bûche trempée dans l'eau
feulement par un bout, s'humecte
dans toute fa longueur, & femble pomper l'eau par toutes fes fibres, &c. Mais, dans l'Hypothèfe des petits Tourbillons, cela
n'a pas même befoin qu'on l'explique. Car tout le monde voit,
par exemple, que les petits tourbillons aëriens, qui touchent immédiatement ceux de l'eau, les
enlévent par leur tournoiement,
& les diftribuent enfuite a leurs

voisins par le même méchanisme, jusqu'aux plus hautes régions de l'atmosphère terrestre. Il en est de même des petits tourbillons qui remplissent les fibres de la bûche. La même chose arrive, si on trempe légèrement l'extrémité d'un morceau de sucre dans du caffé, &c.

Il n'y a rien, ce semble, de plus merveilleux que de voir une liqueur devenir un corps solide, & de voir un solide devenir liqueur. Mais cette merveille, dans notre hypothèse, est une opération des plus simples. Car de petits tourbillons qui composent un liquide, se peuvent trouver si chargés de globules pesants, que leurs surfaces en soient toutes couvertes; soit que ces globules pesants leurs viennent d'ailleurs, soit que leur propre matière fluide venant à diminuer par quelque inconvénient, il ne leur en reste pas assez pour faire circuler les globules qu'ils contiennent eux-mêmes. Alors ces petites masses solides, qui couvrent ces surfaces, s'empêchent mutuellement de circuler, & incrustent le petit tourbillon, qui continue son tournoiement dans la concavité de sa croûte. Toutes ces surfaces incrustées s'arrêtent ensemble, & composent un solide, comme pourroit être la glace. La glace est un solide formé de l'eau; & tous les autres solides sont équivalemment des *glaces*, ou d'un, ou de plusieurs liquides. Telle est, selon cette philosophie, l'origine des corps solides. D'où l'on voit que chaque corps solide contient dans ses élémens mêmes, le principe de sa destruction, qui est le petit tourbillon central conservé sous sa croûte. Car si ce petit tourbillon vient à s'agrandir tout d'un coup, en recevant quelque augmentation de matière, par les pores de son enve-

loppe ; ou il fera fauter fa pri-
fon, ce qui fera une combuſtion;
ou il remettra fes globules à la
nage, ce qui fera une fuſion; ou
il produira quelqu'autre effet, auquel on donnera un autre nom.
Voyez *l'Hypothèſe des petits Tour-*
billons, article des minéraux & des
métaux.

Mais cette manière facile de
concevoir comment un liquide
devient folide, comment un folide devient liquide, comment
il peut, ou s'enflammer, ou ſe
fondre, ou ſe rompre, &c.; cette
manière, dis - je, de concevoir
ces choſes n'appartient qu'à notre hypothèſe. Les autres fiſtê-
mes n'expliquent ces effets que
par des principes ifolés, fans liai-
fon, fans affinité entr'eux, fans
aucune efpéce de filiation qui indique la moindre légitimité, s'il
eſt permis de parler de la forte.

Pour nous, nous n'avons qu'un
principe, une ſeule idée que nous

développons, & dont nous confidérons toutes les faces. Nous confidérons nos petits tourbillons dans toutes les fituations poffibles ; &, de leurs différens états, nous déduifons différens phénomènes. Nous croyons même qu'on en peut déduire toute l'explication de la Nature. Si les petits tourbillons font tous purs ; voilà *l'éther*. S'ils font leftés de globes centraux, comme le tourbillon de Mars ; ou environnés de fatellites, comme celui de faturne ; ou chargés autrement encore, comme celui du foleil, ainfi du refte ; ce font différentes efpèces *de liqueurs*. S'ils font incruftés de points pefans, ce font des *éléments de folides*. S'ils font rompus, c'eft de la *flamme*. Si l'équilibre manque entr'eux, ils produifent la *fermentation*, &c. *Voyez l'Hypothèfe des petits Tourbillons* où nous avons paffé en revue prefque toute la Nature,

& où nous croyons avoir donné une clef générale pour la
Phyſique.

Je ſçais fort bien qu'une telle
Phyſique n'eſt pas du goût d'aujourd'hui. On veut à - préſent
que les différens êtres , comme
l'*eau*, la *lumière*, le *feu*, les *métaux*, ainſi du reſte, ſoient, non
ſeulement différens corps , mais
différentes matières. On ne veut
pas qu'il y ait une *matière* unique,
commune à tous les corps, avec
laquelle Dieu ait formé & différencié tous les êtres. On tient
préciſément la doctrine de ces
différences eſſentielles, & de ces
formes ſubſtantielles dont ſe mo-
qua Mr. Deſcartes. On ne prend
pas garde qu'avec cette manière
de philoſopher & de penſer, on
ſe prive du plus ſatisfaiſant & du
plus magnifique ſpectacle qu'il
y ait au monde ; c'eſt de voir
la Sageſſe infinie , le Génie in-
compréhenſible, l'abîme de Pre-

fcience & de Providence, en un
mot, tous les caractères de l'infiniment - Parfait, qui brillent,
pour d'autres, dans la conftruction & dans la conduite de l'U-
nivers. En effet, fi Dieu, avec
la même matière, en la mou-
vant & en la modifiant diver-
fement, a formé & différencié
tous les corps, & s'il produit ainfi généralement tous les phénomènes que nous voyons, il faut
s'écrier : Quel Génie ! quelle pro-
fondeur de connoiffances, quelle fimplicité, quelle fécondité,
quelle divinité dans fes voies !
Mais toute la merveille difparoît,
fi les différens corps font différentes matières. Car j'admire bien
affurément l'Ouvrier infiniment
ingénieux qui fait de *l'eau* & du
feu avec le même fujet ; mais,
fi *l'eau* & le *feu* font différentes
effences, je n'y vois plus que de la
Puiffance fans fagacité & fans
génie, s'il m'eft permis de le dire.

Ainsi donc tous ceux qui sou-
tiennent, selon le péripatétisme
de ce temps-ci, qu'il y a autant
de différentes matières que de différens genres de corps, font dif-
paroître généralement ce qu'il y
a de plus glorieux pour Dieu
dans la totalité de la Nature. Il
semble qu'ils aient formé le dessein
de rabatre de sa gloire, & de
diminuer l'idée qu'en donnent
naturellement ses ouvrages.

Ces Messieurs nous répétent
sans cesse que la *transmutation*
est impossible. On ne peut y
parvenir : c'est un fait. Donc il
n'y a pas une matière unique,
commune à tous les corps ; ou,
chaque être est essentiellement,
& par lui-même, ce qu'il est.

La conclusion est admirable !
Dieu a si bien construit le Monde, que toute la sagacité & toute
l'adresse humaine ne peuvent parvenir à le défaire. Mais s'ensuit-
il qu'il soit indestructible à l'é-

gard de tout autre agent ? L'eau est tellement formée qu'elle demeure toujours telle. Elle est indestructible de fait : mais s'enfuit-il qu'elle le soit de droit ? S'ensuit-il que cette même étendue, qui est actuellement de l'eau, ne puisse être transformée en autre chose, par Dieu lui-même ?

Ces sortes d'objections se traiteroient *d'enfances*, si elles n'étoient faites par des Hommes célébres, & par des Philosophes.

IVe. OBSERVATION,

SUR LE FEU.

LE feu est un phénomène, & non pas un élément. C'est un phénomène, qu'il faut expliquer; & non pas un élément, qu'il convienne de supposer. Il n'y a que le péripatétisme, revenu sur fes pas, qui érige en principe ; indépendant des méchaniques, un phénomène qu'il ne peut expliquer ; comme il érige en loi primordiale, ou en propriété de la matière, (car il ne fçait même abfolument lequel des deux,) une pefanteur, dont fes principes ne peuvent fournir la moindre caufe.

Le feu eft inexplicable à tout autre fiftême qu'à l'Hypothèfe des petits Tourbillons. Car ce n'eft pas expliquer le feu, que de dire qu'il y a une *matière ignée*, ou une matière qui effentiellement, & par elle-même, eft *feu* ; & ce n'eft pas expliquer fes propriétés, que de citer les expériences qui les conftatent. Or voilà néanmoins à quoi fe réduit ce qu'on débite aujourd'hui fur le *feu*. On ne nous dit point quelle eft la forme des particules de la matière ignée. On ne nous dit point en vertu de quelle figure, ou de

quelle configuration de parties,
ou de quel mouvement, cette matière est susceptible d'une conden-
sation & d'une dilatation capables
de produire les phénomènes du
tonnerre, & de la poudre. On
ne nous dit point par quel méchanisme elle s'allume, elle prend aux
matières combustibles, & elle
peut dissoudre tout ce qu'elle attaque. Si elle est condensée dans
la poudre, où est la puissance
qui la comprime ? Si elle n'y est
pas condensée, pourquoi sa dilatation renverse-t'elle des murail-
les ? On ne nous explique mé-
chaniquement aucune de ses propriétés. On ne nous marque la
cause immédiate d'aucun de ses
effets. Mais on veut cependant
que cet être inconnu soit un des
éléments de l'Univers, & comme
un agent universel dans la totalité de la Nature. Car depuis
qu'on a imaginé cette belle matière ignée, elle entre dans l'ex-

plication de tous les phénomènes. C'eſt elle, non - ſeulement
qui échauffe & qui brûle, qui
opère les merveilles obſervées
dans les météores, & dans les
mines; mais elle eſt la cauſe de
la fluidité de l'air, de la liquidité
des liquides; elle eſt la cauſe de
l'électricité; elle eſt la cauſe de
tout. Et ce qu'il y a de plus com-
mode, c'eſt que ce principe uni-
verſel n'a pas lui - même de cauſe.
Le feu a été produit tel, immédiatement par Dieu ſeul. Ainſi,
pour ce qui regarde ſon origine
& ſes propriétés, tout eſt dit.

Je doute fort qu'on ſe contente
toujours de cette manière de philoſopher. Elle eſt aujourd'hui
fort en vogue. Mais on peut pré-
dire, ſans témérité, que la raiſon
aura ſon tour, & que ce ſecond
péripatétiſme éprouvera le ſort
du premier. Il reviendra encore
un

un temps où l'on demandera des idées claires, où il faudra expliquer distinctement par quel méchanisme particulier telle matière est *pesante*, telle matière est *ignée*; de quel méchanisme particulier viennent les attractions, les combustions, les efforts de la poudre, &c. A la fin, on cessera de prendre la description d'un phénomène, pour une explication; l'exposition géométrique d'une difficulté, pour une solution; & on ne confondra plus, comme à présent, l'Histoire Naturelle, & la Physique. Il est étrange qu'après le bannissement de *l'appétit du centre*, des *différences* essentielles, des *formes* substancielles, & de toutes les absurdités de la philosophie d'**Aristotes**, on ait pu revenir à adopter l'attraction - principe, la translation de la lumière, la réflexion de dessus le vuide, le feu essentiel, & autres semblables idées. Mr. Descartes

C

avoit perfiflé les qualités occultes.
Il avoit infpiré le goût du méchanifme, & des caufes phyfiques.
On déteftoit les inintelligibilités,
les paradoxes, & les ténébres;
& on ne peut concevoir comment des gens d'efprit, des Mathé-
maticiens, des gens accoutumés
conféquemment à la précifion &
à la clarté; on ne peut, dis-je,
concevoir par quelle fatalité ils
font revenus aux myftères, & ont
fubitement abandonné le premier
principe de leur méthode.

Je ne dis pas que l'on ait eu
tort de renoncer aux explications
de Mr. Defcartes : mais je dis
qu'on n'auroit jamais dû aban-
donner fa méthode, qu'on auroit dû s'attacher inviolablement
à n'admettre que des idées claires, des caufes méchaniques, &
des explications uniquement dé-
duites des figures, des configu-
rations, & des mouvemens de la
matière. En fuivant cette mé-

thode, on eût corrigé les défec-
tuofités de Defcartes ; on eût rectifié fon fiftême ; & plufieurs euf-
fent conduit à fa perf ction ce
qu'un feul ne put autrefois qu'é-
baucher, dans le peu de tcms
qu'il eut à vivre.

Mais il eût fallu méditer comme des Molières, ou des Gamaches, ou d'autres illuftres Académiciens qui ont eu les mèmes
vues. Ces M.M., en fuivant
les principes d'une géométrie
lumineufe, ont analyfé les propriétés du tourbillon fphérique,
& completté l'Hypothèfe des
grands Tourbillons, en y joignant
celle des petits. C'eft ce fiftême complet qui fe peut apeller,
le Cartéfianifme moderne, comme
on l'a déja dit, & qui fournit,
avec fimplicité, toutes ces explications méchaniques qu'on demande éternellement, & toujours
inutilement, aux autres fiftêmes.
Bornons-nous ici à l'exemple du
feu.   C ij

Si de petits corps proportion-
nés aux volumes des petits tourbillons de l'éther viennent bruf-
quement à les rompre ; & fi , par
la continuité de leur agitation ,
ils en entretiennent la rupture ;
tout l'éther environnant retombe
fur la portion rompue , laquelle ,
en repouffant fon voifinage par
les fecouffes irrégulières produi-
tes par l'agitation des matières
qui la troublent , met en vibration le véhicule de la lumière ;
ce qui fait paroître l'efpace rompu , lumineux , & tout blanc.

La flamme confifte donc en
petits tourbillons rompus. Mais
cette rupture finit d'abord , parce
que les tourbillons environnans
s'emparent , par leur circulation,
de cette matière rompue , fi la
caufe qui a rompu les tourbillons
de l'efpace , ou quelqu'autre équi-
valente , ne continue d'y pirouet-
ter , & d'y entretenir le défordre.
C'eft-à-dire, que le feu s'éteint,

s'il manque de nourriture. Faisons-lui donc toucher immédiatement une matière combustible. Auſſitòt les petits tourbillons cantonnés dans les pores, & dans les éléments de cette matière, s'empareront des parties de la flamme, &, en groſſiſſant ſubitement, feront ſauter leurs enveloppes, dont les éclats rompront des tourbillons, en entretiendront la rupture, & feront augmenter le feu, ainſi du reſte. Le feu ira donc toujours croiſſant, tant que durera ſa pâture.

Le développement des particules des matières combuſtibles ne ſe fait ordinairement qu'avec lenteur; c'eſt ce qui en fait durer le feu. Mais ſi une matière combuſtible, au lieu de ſe développer lentement, ſe développoit bruſquement toute entière à la fois; alors la dilatation des tourbillons voiſins ſeroit pareillement ſimultanée, & feroit ſauter violemment tous les environs en même tems. C'eſt le cas du tonnerre, & de la poudre.

Un ordre de tourbillons peut être rompu, & même pluſieurs peuvent l'être, ſans qu'ils le ſoient tous. Ainſi il y a divers ordres de feu; & pour qu'une matière ſoit combuſtible, il faut que les tourbillons qu'elle renferme, ſoient de l'ordre dont la rupture conſtitue le feu qu'on lui applique. C'eſt pour cela que tout feu ne brûle pas toute matière, & que tout tonnerre ne nuit point à toute ſorte de corps. C'eſt que dans la matière fulminante il domine des matières de divers ordres. Si, par exemple, dans un tonnerre il domine des élémens ferrugineux, ce tonnerre s'attachera ſur-tout au fer. Si d'autres élémens y dominent, il s'attachera à autre choſe, &c.

Il n'y a donc rien de ſi facile que d'expliquer méchanique-

ment, par cette Hypothèfe, non-
feulement la nature du feu, mais
toutes fes propriétés, & tous les
effets. Voyez *l'Hypothèfe des petits Tourbillons, article du feu.* Les
effets du tonnerre font myltérieux
dans tous les autres fiftêmes.
Mais ils fe réduifent, felon cette
Hypothèfe, à des idées fort fimples; & comme rien n'eft plus
propre que cet article à démontrer fenfiblement la fupériorité de
nos principes, nous allons le dé-
tailler plus au long dans l'Obfervation fuivante, en mettant au-
paravant fous les yeux l'idée que
nous avons des orages.

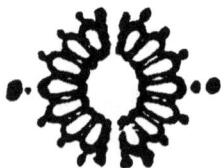

Vᵉ. OBSERVATION,

Sur les orages, & les phénomènes du feu, & du tonnerre.

LA formation d'un orage commence par un vent, * c'est-à-dire, par le tournoiement d'un grand tourbillon d'air, qui couvre tout un canton. Ce tourbillon, & plusieurs subalternes, qui sont irrégulièrement dispersés dans sa capacité, ont leurs axes perpendiculaires à l'horizon, comme on le peut juger par la manière dont les plus petits d'entr'eux font quelquefois tournoyer la poussière des chemins, jusqu'à en former des colonnes.

Or ce que ces moindres tourbil-

---

* La *cause des vents* est déterminée dans le livre de *l'Hypothèse des petits Tourbillons*, article du Vent.

Fig: 3.ᵉ

A

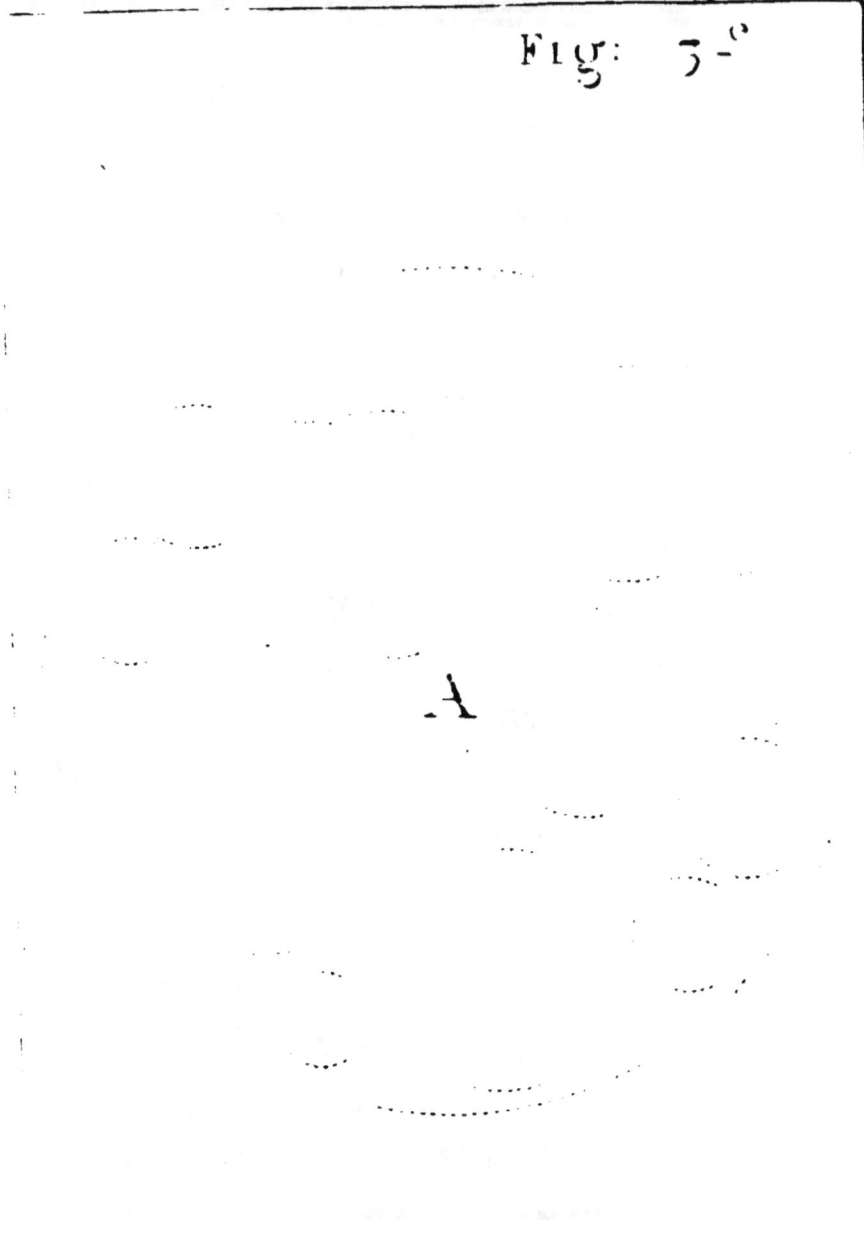

A Centre du Tourbillon Fondamental

lons font ainsi visiblement sur la poussière, les plus grands, & sur - tout le tourbillon fondamental, qui les contient tous, le font invisiblement sur les brouillards, les vapeurs, les exhalaisons; en un mot, sur toutes les transpirations de la terre. Ils élévent d'abord indistinctement, & avec confusion, toutes ces matiéres; & le premier effet qu'on apperçoit est, que tout le Ciel s'obscurcit. *Voyez la figure troisiéme.*

Bientôt les tourbillons subalternes, contenus dans la capacité du total, venant à s'agrandir, & à entraîner, par leur circulation, ce qui les environne de plus près, s'étendent jusqu'à se toucher. Alors il arrive nécessairement, à cause de l'inégalité de leur grandeur & de leur force, que les uns absorbent les autres, les obligent à circuler avec eux, & s'en font des satellites. Ce qui fait prendre au tourbillon principal une forme plus régulière, à l'imitation de celui du soleil. *Voyez la figure quatriéme.*

Pendant ce tems - là , dans tous les tourbillons , soit absorbans , soit absorbés , il se fait une opération qu'il faut bien remarquer. C'est que toutes les matieres enlevées du voisinage de la terre , qui circulent dans chaque tourbillon , & qui sont de diverses espéces , s'arrangent entr'elles par le méchanisme du tournoiement , & se vont placer différemment , selon leurs pesanteurs , & selon les diverses solidités de leurs petites particules. Les parties aqueuses s'éloignent du centre , comme plus grossieres , & comme susceptibles d'un plus grand élancement centrifuge. Les matières plus légéres & plus délicates s'approchent du centre , où le méchanisme qui les y porte , les tient bien emboëtées, *Voyez la figure cinquiéme.*

Fig 5.º

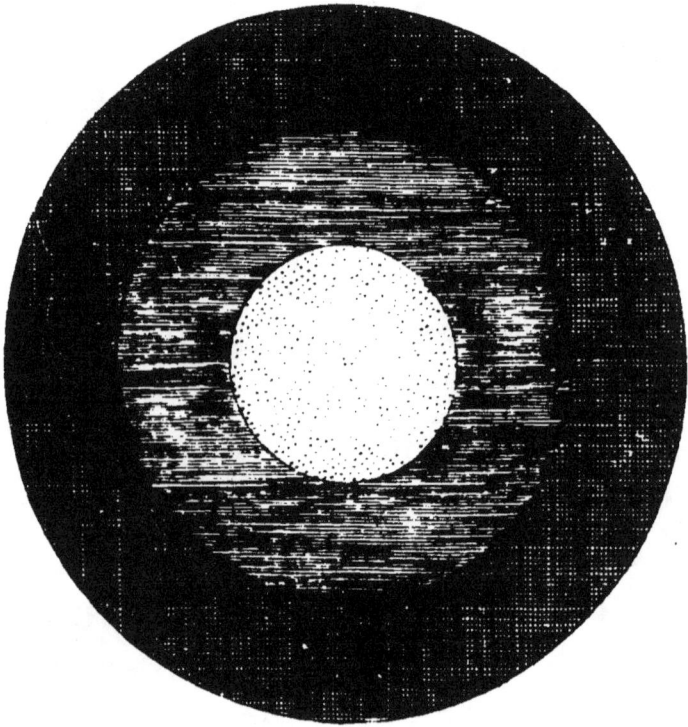

Fig: 4.

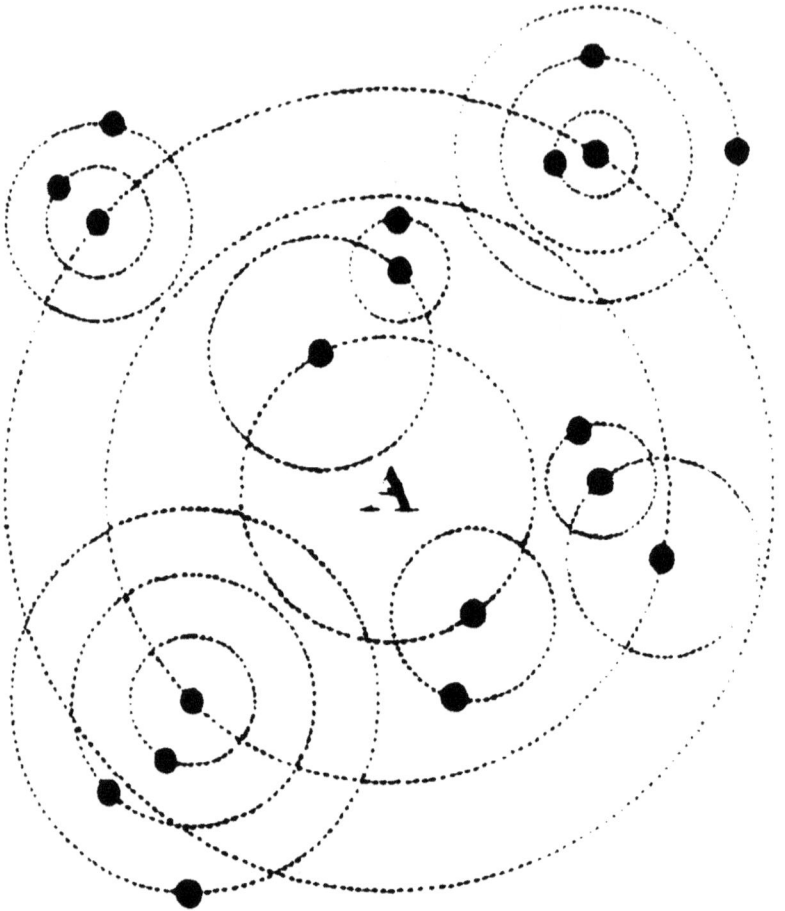

A. Centre du Tourbillon fondamental

Ollivault   Rennes

On peut voir un pareil triage s'opérer dans un crible, où l'on fait circuler du bled mêlé de balle, de brins de paille, de poussière, & d'autres chofes plus légères que le grain. Ces matières légères s'approchent du milieu ; & le bled s'en éloigne. Mais ce qui s'approche ainfi du centre d'un tourbillon y forme un globe, qui fermente, & que cette fermentation fait créver enfuite avec éclat. Voilà un coup de tonnerre.

Les tourbillons qui compofent enfemble la totalité d'un orage, parviennent définitivement à cette forme que repréfente la cinquiéme figure ; & c'eft de cet état qu'ils éclatent, les uns piûtôt, les autres plus tard. Venons à l'explication méchanique des effets du feu, & de la foudre.

Tout le monde fçait que,

quand on met une pomme fous le récipient de la machine de Boyle, à mefure qu'on pompe l'air, la pomme fe gonfle, & devient d'une groffeur étonnante; ce qui arrive par le défaut d'équilibre entre l'air extérieur & celui qui eft en elle. Celui-là ceffant de la comprimer, celui-ci fe dilate, & écarte, en fe dilatant, les fibres de la pomme.

Or ce que produit ici le défaut d'équilibre entre l'air extérieur & intérieur des corps, fe produit bien plus violemment & plus fubitement encore, quand l'équilibre vient à manquer entre la matière éthérée, qui environne un folide, & la matière femblable contenue dans les pores & les éléments de ce même folide; parce que l'éther eft infiniment plus fort, plus élaftique, & plus actif que l'air.

Il faut donc fçavoir que les corps folides ne font continuel-

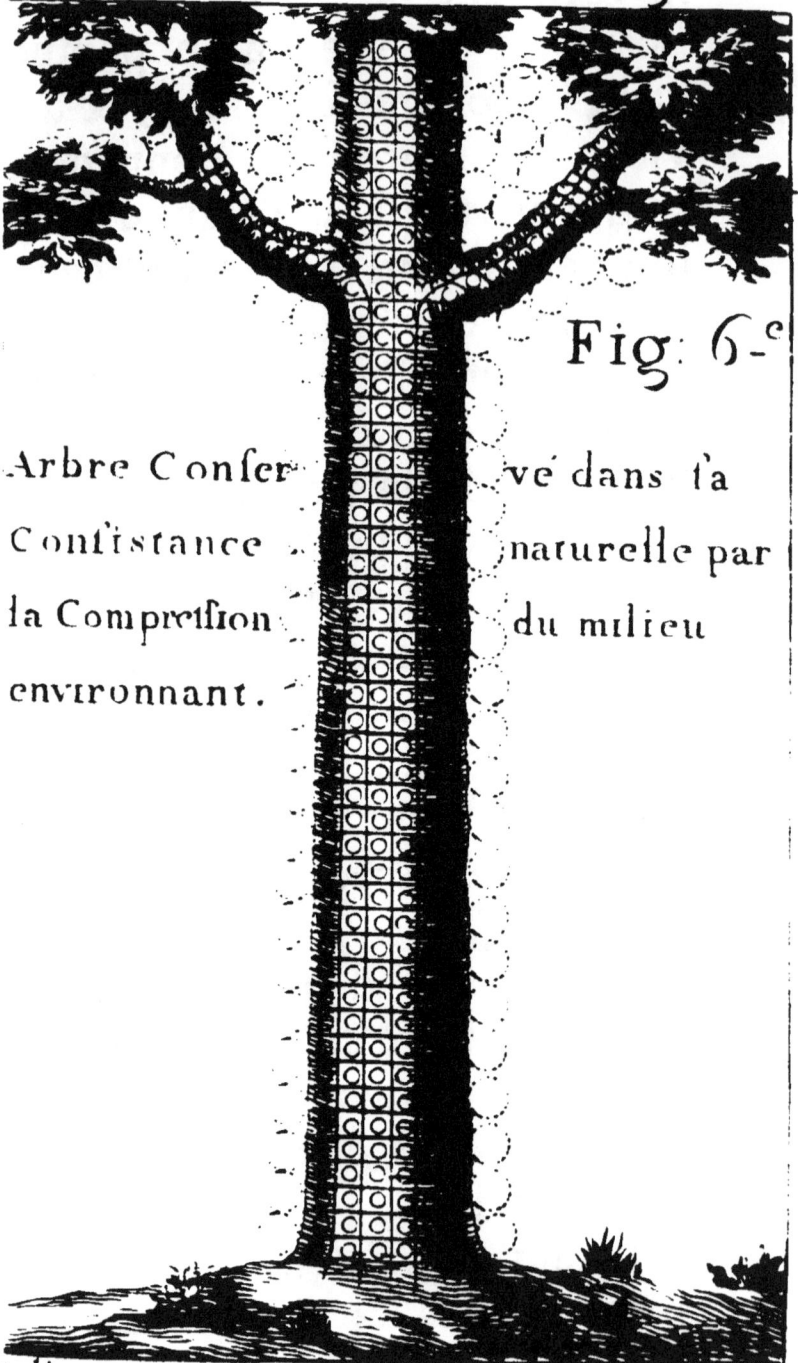

Fig: 6.ᵉ

Arbre Confer   vé dans ſa
Conſiſtance   naturelle par
la Compreſſion   du milieu
environnant.

Ollivault   Rennes

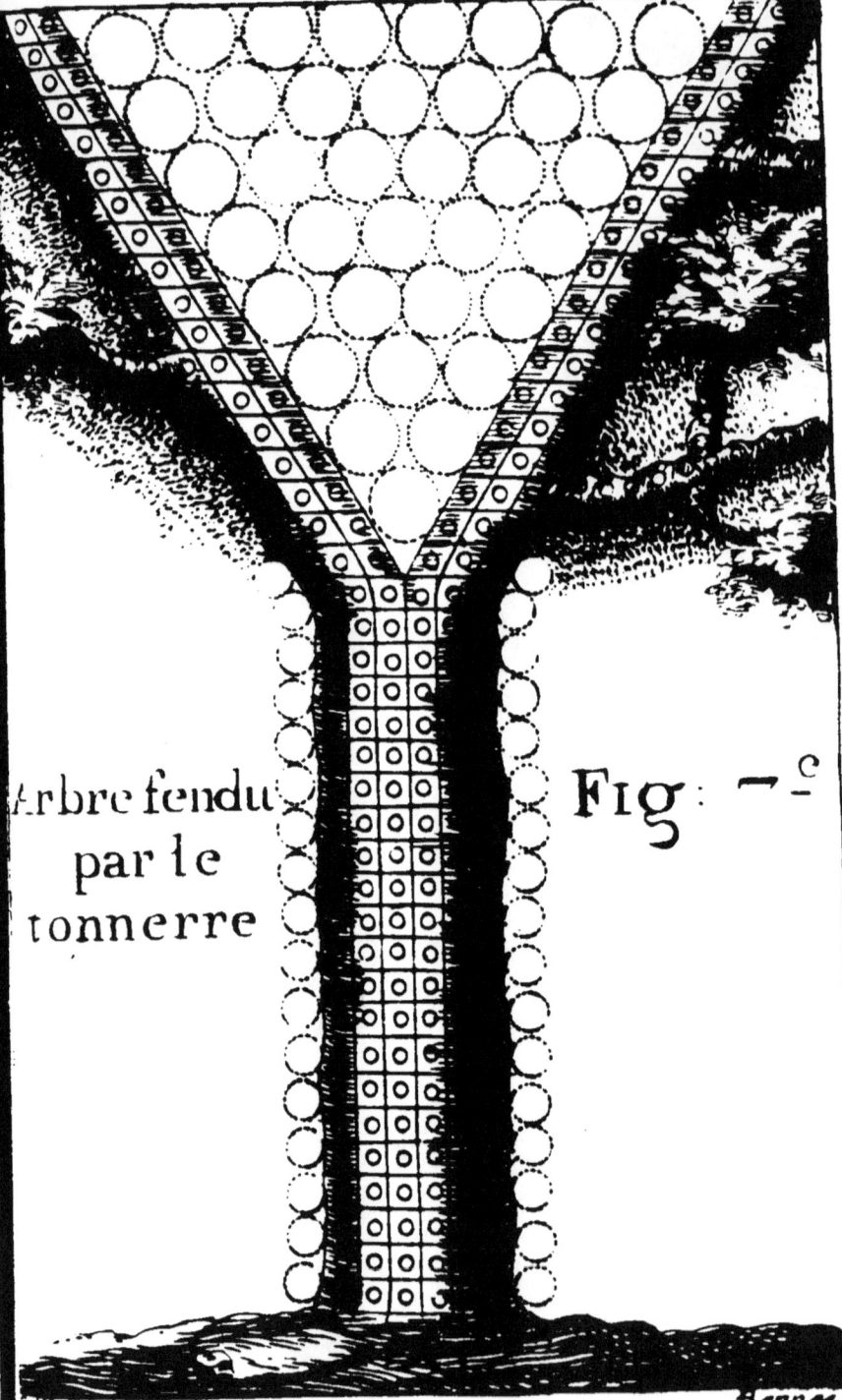

Arbre fendu
par le
tonnerre

Fig: -.ᶜ

Thévault   Rennes

lement conservés dans leur con-
sistance naturelle, que par l'équilibre entre les petits tourbillons
constituans la matière éthérée qui
environne tous les corps, & les
petits tourbillons de même ordre
contenus dans ceux - ci. *Voyez
la figure sixiéme.* D'où il suit que
ce qui feroit cesser la pression extérieure de l'éther, feroit cause
que l'éther intérieur dissoudroit,
en se dilatant, le solide qui le
contient. C'est ainsi que le feu
en général, & le tonnerre en particulier, agit sur un objet. Le
feu consiste en petits tourbillons
rompus, qui venant à environ-
ner subitement un solide, man-
quent de le comprimer par de-
hors, par cela même qu'ils sont
rompus; ce qui donne lieu à ceux
du dedans de s'aggrandir subitement, & d'écarter, en se dilatant, les parties du solide. *Voyez
la figure septiéme & l'Hypothèse
des petits Tourbillons, pages 155
& 156.*

Les élémens des ſolides étant originairement de petits tourbillons de l'éther, qui ſe ſont incruſtés, peuvent être d'un certain ordre, ou même, de pluſieurs ordres; & s'ils ſont, par exemple, du troiſiéme ordre, on voit que le ſolide eſt conſervé dans ſa conſiſtance naturelle, par la preſſion extérieure du troiſiéme ordre de l'éther, & que ni le premier, ni le ſecond ordre, ni le quatriéme, ni les ſuivans ne ſont capables de le contenir. *Voyez la figure huitiéme, & l'Hypothèſe des petits Tourbillons, page 117.* Et comme d'ailleurs, ni en tout feu, ni même en tout tonnerre, tous les ordres de l'éther ne ſont rompus, on voit que, ni le feu, ni le tonnerre même, n'a d'action ſur un objet, que quand les tourbillons rompus, dans leſquels conſiſte la flamme, étoient de même ordre que les élémens du ſolide qu'elle attaque.

Fig: 8

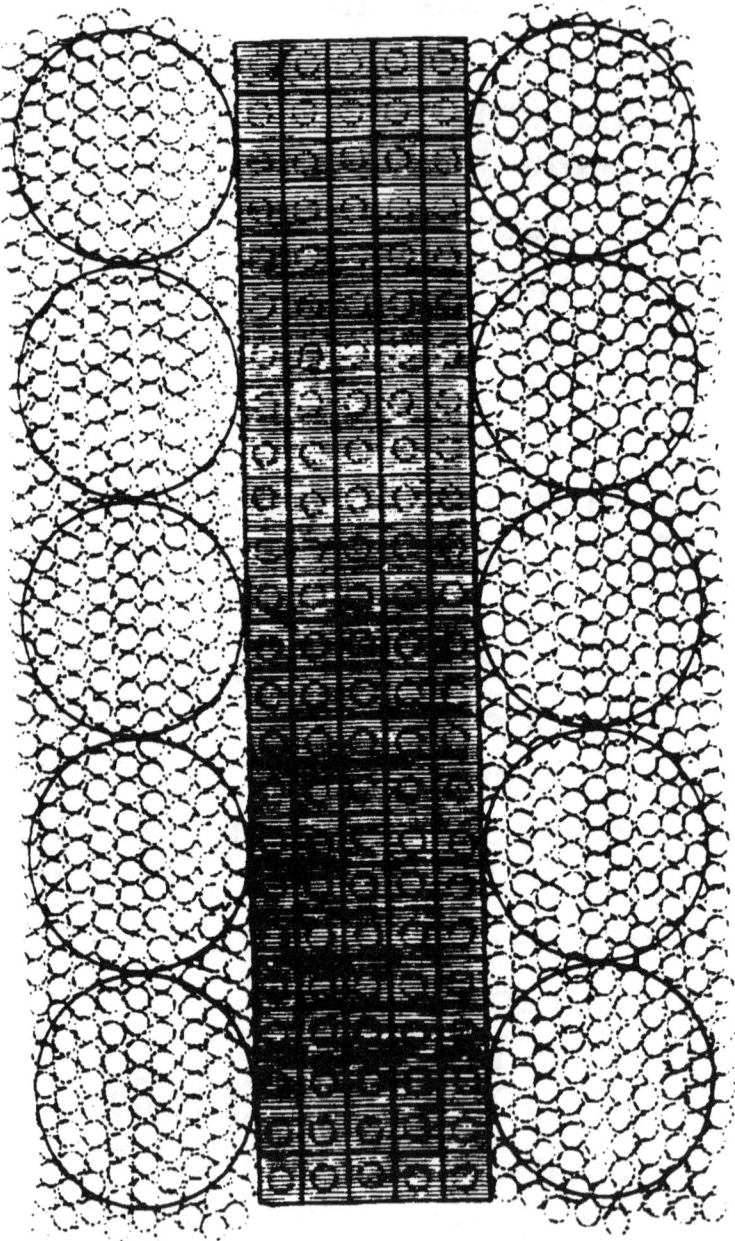

Un folide, dont les élémens font du fecond ordre de l'éther, ne peut donc être endommagé par un feu qui ne rompt que ceux du premier ordre. Et un folide, dont les élémens font de ce premier ordre, ne peut être endommagé par un feu qui ne rompt que le deuxiéme ; ainfi du refte. C'eft que les grands tourbillons peuvent fubfifter, les petits étant rompus ; & les petits peuvent fub-fifter, après la rupture des grands.

On voit donc bien pourquoi le tonnerre agit plûtôt fur telle matière, que fur telle autre. C'eft que la matière du globe central, qui vient à crever, confiftoit en petits tourbillons d'un certain ordre, ou de plufieurs ordres, & qu'elle ne peut affecter que les folides dont les élémens font en équilibre avec ces ordres - là mê-mes.

VIᵉ. OBSERVATION,

SUR LES MOUVEMENS CÉLESTES.

EXTRAIT du Journal de Trévoux, du mois d'Octobre 1761, page 2330.

*O*N *pourroit faire à Mr. de Keranflech l'Objection que l'Auteur de* L'AMUSEMENT PHYSIQUE *propofe contre l'Ellypfe Newtonienne ; fçavoir, que la planète, après avoir commencé à defcendre vers le foleil, devroit s'en approcher de plus en plus, & enfin s'y précipiter. . . . Mais une difficulté beaucoup plus confidérable, c'eft ce plein où nagent les planètes.*

RÉPONSE.

Une planète pourroit ainſi tomber, ſi, dans l'Hypothèſe dont il s'agit, elle nageoit dans la matière éthérée, ſans un tourbillon autour d'elle, comme les planètes de Mr. Newton ſe proménent dans le vuide. Celles - ci n'ont d'autre force centrifuge, pour contrebalancer l'attraction, que celle que tire leur ſolidité de ſa circulation autour du ſoleil. Ainſi, quand elles approchent de leur périhélie, l'attraction victorieuſe augmentant toujours en elle - même, on ne voit pas par quelle méchanique la force centrifuge gagne tout d'un coup, &c. Mais une planète, dans notre ſiſtême, eſt enveloppée d'un tourbillon qui, par ſon reſſort particulier, ſeconde la force centrifuge réſultante de la circulation du corps de l'aſtre. Ce n'eſt même que par le reſſort de ce tourbillon planétaire, qu'une planete ſe ſoutient dans le ciel. Or ce reſſort particulier varie ſon effet, ſelon les différentes diſtances d'une planète au ſoleil. Si celle - ci deſcend, par exemple, dans des couches plus comprimantes, ce reſſort ſe vivifie à meſure, juſqu'à un certain point ; & ce point où il commence à être trop vif, & conſéquemment à ſe débander, fait le périhélie de la planète. De - là celle - ci commence à s'élever, & s'éléve continuellement juſqu'à l'autre extrémité de l'ellypſe, où le reſſort de ſon tourbillon ſe trouve encore tellement relâché dans de trop hautes couches, que n'étant plus capable d'aider la force centrifuge autant qu'il faudroit, il ne peut empêcher la maſſe de redeſcendre ; ainſi de ſuite, à l'infini.

Sans ce tourbillon planétaire,

fes excès de vivacité & de relâchement, on ne peut concevoir
qu'une planète décrive une ellypfe autour du foleil. Mais, en fup-
pofant ce méchanifme, on conçoit l'ellypticité des orbes des
planètes ; & , réciproquement,
cette ellypticité démontre la plénitude des Cieux , & l'exiftence
de l'Hypothèfe des grands & petits Tourbillons. Nous en parle-
rons dans un moment.

Quant à ce qu'on ajoûte que
le plein fait encore une difficulté
plus confidérable que la première ; je prie le Lecteur de faire
attention à une remarque très-
fimple.

C'eft une fuite évidente de la
théorie Newtonienne fur la réfiftance des milieux , *qu'un fluide de
nulle pefanteur, d'une fineffe, d'une
élafticité, d'une foupleffe infinie,
ne réfifteroit point du tout au tranf-
port d'un folide pefant.* Donc l'é-
ther, s'il avoit toutes ces condi-

tions, ne pourroit réſiſter au mouvement des planètes. Il feroit auſſi perméable, auſſi libre que le
vuide. Or il eſt ainſi conditionné
dans l'Hypothèſe des petits Tourbillons. Raiſonnons un moment,
de ſang froid ; & ne nous preſ-
ſons pas de juger.

On démontre, en bonne méta-
phyſique, que l'étendue, ou la
matière, n'a ni tendance, ni gravitation, ni force, ni mouvement par elle - même. D'où il
ſuit que la peſanteur d'une portion de matière dépend uniquement des circonſtances ; & nous
déterminons clairement quelles
ſont ces circonſtances, en expliquant de quelle manière, dans la
capacité d'un tourbillon, les parties conſiſtantes en petits tourbillons précipitent, vers le centre,
celles qui n'ont pas cette forme.
Donc l'éther n'a aucune peſanteur, & ne réſiſte pas plus que
le *vuide.* Nous ſommes donc bien

éloignés d'avoir à craindre des difficultés de la part du plein. Ce n'est pas le plein qui fait la résistance : c'est la forme inepte qu'on peut lui donner ; & toute forme au reste est inepte, hors celle que lui donne notre sistême.

Le cours ellyptique des planètes, considéré sans préjugé, indique évidemment deux choses ; l'existence de l'éther, & sa forme. Il prouve la plénitude des cieux, & la réalité de l'Hypothèse des grands & petits Tourbillons.

Si le cours des planètes, autour du soleil, étoit simplement circulaire, on concevroit qu'un mouvement, selon la direction de la tangente, combiné avec une attraction vers le soleil, égale précisément à la force centrifuge, en pourroit être la cause. Car on conçoit que la même cause

donneroit continuellement le même effet. Mais on conçoit auſſi
qu'elle ne ſeroit capable de le
diverſifier en aucune ſorte. Car,
comment une force centrifuge,
égale préciſément à la force cen-
tripéte, s'aviſeroit - elle, pour
ainſi dire, d'allonger le cercle
en ellypſe ? Pour changer le cercle en ellypſe, il faut, non - ſeulement des forces inégales, mais
que leur inégalité ſoit modifiée,
& ménagée d'une certaine manière. C'eſt-à-dire, il faut que
le raport entre la force centrifuge
& la peſanteur d'une planète,
varie ſans ceſſe, & que cette
variation ſoit tellement réglée
qu'elles ſe vainquent alternative-
ment & toujours de la même façon. Or c'eſt préciſément de
cette viciſſitude, de ces rétabliſ-
ſemens alternatifs des forces uſées,
que le ſiſtême de Mr. Newton
ne peut donner la cauſe. Et ſur
cela, ſi on veut s'en tenir à des

idées purement méchaniques , il
n'y a qu'une manière de raifonner. Le mouvement ellyptique
des planètes , au lieu d'un mouvement circulaire , indique des
ofcillations. Les planètes defcen-
dent trop , & remontent trop.
Il faut , & un principe qui pro-
duife ces excès , & un principe
qui les modère. Ce double principe fuppofe un reffort: car un tel
mouvement n'eft pas fimple. Il
en eft de lui comme des balan-
cemens ou des vibrations des pen-
dules. Toutes les idées de méchanique conduifent à cela. Et
ces mêmes idées nous difent auffi
que les vibrations des planètes
fuppofent de l'élafticité dans les
efpaces céleftes. Donc , 1°. les
planètes ne nagent pas dans le
vuide. Car le reffort, qui eft le
principe des ofcillations des planètes , n'auroit lieu , ni de fe
bander , ni de fe débander , en fe
promenant dans le *vuide.*

2°. Il eſt tout auſſi clair qu'en nageant dans le plein elles ont des tourbillons dont elles occupent les centres , & que la matière éthérée eſt diviſée & ſubdiviſée en petits tourbillons à l'indéfini. Sans cette ſeconde condition , l'éther réſiſteroit à leur tranſport ; & ſans la première , ayant une fois commencé à deſcendre , elles ne ceſſeroient de le faire. Car il eſt bien viſible que , dans ce cas , leur peſanteur augmentant toujours , tant à cauſe de l'accélération , qu'en elle-même , il ſeroit néceſſaire qu'elles tombaſſent tout - à - fait , ſi quelque reſſort , pendant la deſcente , ne ſe bandoit continuellement , & ne pouvoit bientôt , en ſe débandant , ranimer & *revivifier* la force centrifuge perdante , & la faire triompher , à ſon tour , de la peſanteur qui l'accable. Or on aura un tel reſſort , ſi la planète eſt envelopée d'un grand tourbillon

billon qui , par ſon reſſort particulier , ſeconde la force centrifuge. Plus la planète approche du
ſoleil , plus le reſſort de ce grand
tourbillon eſt comprimé dans un
éther plus vif ; de ſorte qu'enfin
il acquiert une telle vivacité, qu'il
reléve déſormais la planète , &
la fait remonter , comme on l'a
déja dit.

Mais on n'a auſſi que ce moyen
d'avoir un tel reſſort. Tout reſſort , toute élaſticité vient du
mouvement en tourbillon. Nous
croyons ce principe démontré ;
& chacun peut , en particulier ,
s'en convaincre lui - même , en
eſſayant de remplacer , par quelque découverte , ce que nous
avons dit ſur ce ſujet.

Le cours ellypſique des planètes eſt donc également une preuve du plein , & de la vérité de
l'Hypothèſe complette des Tourbillons grands & petits.

D

Monfieur Newton expofe très-bien par la géométrie, & calcule admirablement les gravitations & les forces centrifuges des planètes, à chaque point de leurs orbes. Mais il le fait, comme Galilée calcule l'accélération & la defcente des graves. Ces calculs & ces figures géométriques ne font pas des caufes. Ce font des peintures de la difficulté, & non pas des folutions ; ce font des expreffions des phénomènes, & non pas des explications : & de mème qu'il y auroit une grande fimplicité à s'imaginer que Galilée auroit expliqué la pefanteur, parce qu'il en a exprimé les réfultats par des lignes, & des chiffres ; de même on ne pourroit fe figurer, fans une illufion groffière, que Newton auroit donné l'explication des mouvemens céleftes, parce qu'il a exprimé ces mouvemens par la géométrie, & par le calcul.

S'il nous avoit donné la caufe
phyfique de cette attraction fi célébre, qu'un bon Phyficien doit
admettre comme un phénomène
à expliquer; s'il nous avoit donné
la caufe phyfique de l'ellyplicité
des orbites des planètes ; fi, non
content de calculer les raports des
deux forces, leurs affoibliffemens
alternatifs, leurs rétabliffemens ,
ainfi du refte , il nous avoit mon-
tré l'origine phyfique de cette
variété d'effets ; ç'auroit été un
Phyficien. Mais il ne nous étale
que ces effets mêmes : c'eft un
Naturalifte, & rien de plus.

Avouons - le cependant avec
équité : c'eft un Naturalifte tel
qu'il n'y en eut jamais, & tel néanmoins qu'il en falloit un pour faire
avancer la Phyfique. Les Cartéfiens ne fçavoient pas les faits.
Ils donnoient des explications
d'un Monde qui n'étoit pas. Mr.
Newton, en les ramenant à la
vraie hiftoire des phénomènes ,

leur a fait refondre leurs principes ; &, en ce fens , ils lui doivent la juftefle actuelle de l'Hypothèfe complette des Tourbillons.

Nous avons vu ailleurs que cette
juftefle & cette régularité étoient
telles , que toutes les attractions ,
déformais apparentes , fe trou-
voient par elles converties en
impulfions très - réelles. Il n'y a
pas jufqu'aux attractions récipro-
ques que Newton a imaginées entre les planètes & le foleil , entre
les fatellites & leurs planètes ,
qui ne fe puiffent concevoir également dans l'Hypothèfe des Tourbillons.   La manière , dont nous
expliquons le flux & le reflux de
la mer , le fait bien voir.

Toute planète attire le foleil ,
puifqu'en interrompant la réac-
tion de l'éther d'une part , elle
donne occafion à l'oppofite de
poufler le foleil vers elle. On peut
concevoir pareillement que la

terre gravite vers les graves; les planètes, vers les satellites, &c. On peut encore concevoir qu'une comète, passant par le voisinage d'une planète, & interrompant la pyramide qui réagit sur elle, peut paroître l'attirer, altérer son mouvement; ainsi de plusieurs autres semblables effets.

Il est bien vrai qu'en expliquant l'attraction réciproque entre la terre & les graves, notre sistême ne dit pas que les corps particuliers gravitent horizontalement les uns vers les autres, comme Mr. Newton est malheureusement obligé de le dire. Mais cela fait voir la supériorité de l'Hypothèse des Tourbillons. Le sistême de Newton n'étant pas celui de la Nature, ne peut enfin manquer de donner dans des phénomènes imaginaires; tandis qu'il ne peut atteindre à d'autres qui sont réels. Ce sistême explique à merveille comment deux pier-

res communes , qui flotteroient
librement fur la furface de l'eau ,
devroient fe raprocher , ce qui
n'arrive pas : mais il ne peut expliquer comment deux pierres d'aimant, en pareille fituation , s'attirent , & fe repouffent , comme
il arrive.

On peut remarquer , en paffant, que les attractions magnétiques ne proviennent , en aucune
façon, de la gravitation Newtonienne, (car tous les graves feroient magnétiques, auffi forte-
ment que l'aimant même.) Elles
viennent d'une attraction créée
pour cet effet feul. Les attractions
électriques viennent d'une troifiéme efpéce : car l'expérience nous
apprend que l'électricité n'a aucune affinité avec le magnétifme.
L'attraction qui fait augmenter
la réfraction de la lumière , par
exemple, dans l'efprit de vin , eft
d'une quatriéme claffe , &c. On
ne nous explique en quoi con-

fifte aucune de ces vertus attrac-
trices : avons-nous tort de reprocher aux introducteurs de ces vertus, qu'ils nous ramènent pom-
peufement *les qualités occultes ?*

VIIe. OBSERVATION,

*Sur les principes de Mrs. Defcartes
& Newton.*

LEs corps n'étant capables,
ni de fe remuer eux-mêmes,
ni d'en remuer d'autres, foit par
impulfion, foit par attraction,
comme vraies caufes ; ils ne font
tous meus qu'en conféquence
d'une loi primordiale, à laquelle
Dieu s'eft librement & préférable-
ment déterminé, & qu'il exécute
auffi lui-même. Or, ayant été
libre à Dieu de remuer les corps,
felon le méchanifme de *l'impulfion* ou de *l'attraction*, ou felon

D iv

quelqu'autre ; la feule expérience peut nous inftruire du parti qu'il a pris. Ce n'eft point une raifon à alléguer, contre le méchanif-me de l'attraction, qu'*il eft incon-cevable qu'un corps en attire d'au-tres.* Ceux qui parlent ainfi, s'imaginent que les corps fe meu-vent mutuellement, comme vraies caufes ; &, en ce cas, ils ne con-çoivent pas mieux *l'impulfion*, que *l'attraction* : car elles font également chimériques. Ce qu'on entend le mieux, la feule chofe qui foit intelligible & qui foit vraie, c'eft que les corps font des fubftances paffives, & qu'ils ne font, ni pouffés, ni attirés qu'en conféquence d'une loi pri-mordiale que Dieu a librement établie, & qu'il exécute par lui-même.

Nous ne voulons pas de l'attrac-tion ; nous n'y fommes pas faits : ce n'eft pas de quoi juftifier no-tre répugnance. Si nous avons été mal élevés, si nous avons des préjugés ridicules, tant pis pour nous. Quand nous voulons philosopher, il faut laisser notre éducation & nos préjugés tous à part : & quand il s'agit d'un fait, comme actuellement ; ce n'est, ni notre goût particulier, ni la prévention générale, ni la raison même ; mais l'expérience, avant tout, qu'il faut consulter.

Et que nous dit donc l'expérience ? Elle nous répond d'abord que *l'impulsion* existe, que le méchanisme de *l'impulsion* est très-réel. Et il faut remarquer que ce premier fait n'est, ni contestable, ni contesté. Les Newtoniens conviennent, comme les Cartésiens, de cette manière d'opérer de la Nature. L'existence de la matière est aussi supposée préalablement de part & d'autre. Ainsi, jusques-là, tous sont d'accord. Mais les Newtoniens veulent, en outre, le méchanisme de

l'*attraction* , & le *vuide* ; au lieu
que les Cartéſiens ne veulent rien
davantage.

Nous connoiſſons , diſent ceux-
ci, deux principes réels. La *ma-*
tière & *l'impulſion* exiſtent , de
l'aveu de tout le monde ; & , s'ils
ſuffiſent pour l'explication de la
Nature entière , il eſt contre toute
méthode , & abſolument contre
toute philoſophie , d'en admettre
d'autres. Il faut commencer par
combiner l'impulſion & la matière ; & , ſi on n'obtient pas d'une
combinaiſon le réſultat qu'on cher-
che , il en faut faire une autre.
Mais juſqu'à ce qu'on ait épuiſé
toutes les combinaiſons poſſibles ,
& qu'on ſoit bien aſſuré de l'a-
voir fait , on ne peut , ni intro-
duire d'autres cauſes , ni multiplier les principes. Ce ne ſeroit
plus philoſopher.

Mr. Newton n'a donc rien
prouvé pour l'*attraction* & le *vui-*
de , quoiqu'il ait démontré évi-

demment la défectuofité de *l'éther* de Defcartes. Ce n'étoit là qu'une combinaifon de *l'impulfion*, & de la *matière*. Il falloit parcourir toutes les autres; & ce n'eût été qu'après les avoir épuifées, qu'il eût pu mettre quelque troifiéme principe, ou quelque troifiéme caufe fur les rangs.

Mais il n'a pas plu à Mr. Newton d'obferver tant de régles. Il n'a tâché, ni de perfectionner les tourbillons de Defcartes, ni de les remplacer par aucun méchanifme, aucune combinaifon de même genre. Il n'a fongé qu'à établir *l'attraction*, & le *vuide*; & ç'a été vifiblement courir trop vîte. Il a ainfi mêlé des fuppofitions à la fimplicité des premiers faits; il a pris des incertitudes pour fondement de fa phyfique: & tandis qu'il reproche aux Cartéfiens de faire des fuppofitions, dans la combinaifon de leurs principes, où il en faut faire; il en

mêle dans ses principes mêmes ;
& dans ses fondemens, où il ne
doit point y en avoir.

Cette remarque est de consé-
quence : car il est permis de
retourner & de combiner diver-
sement des principes réels , jusqu'à ce qu'on trouve une combinaison qui réponde à tous les
effets. Mais il est contre les régles
de multiplier les principes , & de
bâtir sur quelques effets d'origine
équivoque, qui peuvent provenir
également d'une espéce de cause,
ou d'une autre.

Y a-t'il du vuide ? N'y en a-t'il
pas ? Aucune expérience ne le
peut décider. Mais la matière
existe, sans contredit. Y a-t'il
une attraction ? N'y en a-t'il
pas ? Nulle expérience ne le dé-
cide. Mais l'impulsion est hors
de doute. Ainsi Monsieur Descartes, sans difficulté, bâtit sur
le solide ; & à voir de ce point
de vue, s'élever nos deux Archi-

tectes, il y a plus à compter raifonnablement fur l'un édifice que
fur l'autre.

Mais cela devient encore plus
fenfible, à mefure qu'on avance :
car on voit bientôt que les con-
féquences où **Mr.** Newton arrive
néceffairement malgré lui, dé-
montrent fenfiblement la fauffeté
des principes d'où il part. Le
vuide emporte évidemment la
fuppreffion de l'éther, c'eft-à-
dire, la fuppreffion du véhicule
de la lumière ; & il n'y a plus
d'autre parti à prendre, pour
éclairer & échauffer le monde,
que de faire émaner localement
& progreffivement les particules
lumineufes du foleil même. Or
je tiens qu'un Phyficien, quand
il eft réduit à ce point, doit déformais fe reconnoître, & qu'il
a une démonftration palpable de
la fauffeté de fon principe. L'émif-
fion de la lumière, fa propagation, fa direction, fes croifemens,

sa réfraction, sa réflexion, &c.; tout crie hautement à l'absurdité, & dépose contre le vuide. Et on ne peut voir qu'avec regret que le sublime Newton, cet incomparable Anatomiste des rayons lumineux, le plus Grand Homme de l'Univers pour les effets, soit le plus petit pour les causes.

S'il est tout-à-fait évident, par les phénomènes de la lumière, que Mr. Newton suppose un faux, en supposant le *vuide ;* on voit, d'un autre côté, que l'attraction tient nécessairement à ce vuide. Car, si tous les cieux étoient pleins, les calculs attractionnaires de Mr. Newton, & toutes ses spéculations, *de la résistance des milieux*, tourneroient contre lui-même ; puisqu'alors l'éther deviendroit un milieu attirant, résistant, &c., & même infiniment plus attirant que tous les aftres, y ayant préfentement plus de matière dans les efpaces céleftes, qu'en tous les aftres. Ainfi, pour nous borner infiniment à cette remarque, le fiftême de l'attraction ne pourroit fubfifter, faute du *vuide*. Quel fonds peut-on donc faire fur la réalité de cette merveilleufe *attraction*, puifque le *vuide*, dont elle auroit befoin pour n'être pas une chimère, en eft une ?

Ce coup d'œil n'eft pas favorable à l'Hypothèfe Newtonienne: mais on lui en oppofe un autre ; & voici comme les Newtoniens retournent la médaille.

Toutes les attractions céleftes, comme les a obfervées Mr. Newton, font des faits avérés. Ce font autant d'expériences. Le *vuide* qu'elles emportent néceffairement, & que fupofent les mouvemens céleftes, devient prouvé par-là. Peut-être que dans la

suite, la lumière s'expliquera plus
heureusement.   Il ne faut pas,
pour quelque difficulté , rejetter
ce que l'on voit.   Ainsi le vuide
& l'attraction font de très - solides
fondemens ; & ce n'est pas faire
un sistême , que de bâtir sur ces
principes.

Voyons si ce second point de vue
justifie véritablement la multiplication de principes de Mr. Newton.

Les stations & les rétrogradations , comme les a observées
Ptolomée , font des faits avérés.
Ce font autant d'expériences.
Les mouvemens annuels des planètes contraires aux mouvemens
journaliers font de l'aveu de tout
le monde.   Les épicycles & les
différens cieux qu'emportent ces
mouvemens, deviennent prouvés
par - là.   Peut - être qu'un jour
on les concevra mieux.   Il ne
faut pas, pour quelque difficulté ,
rejeter ce que l'on voit.   Ainsi la

réalité des *ftations* & des *rétrogradations*, pour ne pas parler d'autre chofe, font de très - folides
fondemens ; & ce n'eft pas faire
un fiftême que de bâtir fur ces
principes.

Les ftations & les rétrogradations étoient des expériences du
tems de Ptolomée. Il les prenoit
pour des ftations, & des rétrogradations réelles. Pourquoi
non ? Il les voyoit. Vouloir expliquer ces ftations par des mouvemens progreffifs, & ces rétrogradations par des directions véritables, auroit été faire un fiftême. Cependant, qu'eft - il arrivé ? Copernic s'eft mocqué de
cette prévention, s'eft attaché à
la fmplicité de la Nature & du
bon fens; & on voit aujourd'hui
que Ptolomée, au dire des Newtoniens mêmes, n'étoit, avec toutes fes expériences, qu'un entaf-
feur de fuppofitions, & que c'eft
ce même Copernic qui ne fait pas
de fiftême.

Quoi donc ! l'expérience conduit - elle à l'erreur ? Non. Mais
les hommes fe trompent lourde-
ment, en qualifiant d'expériences, les jugemens de leurs iens.
Autant vaudroit traiter d'expériences, la rupture d'un bâton à
la furface de l'eau, l'ancienne
opinion des couleurs fur les corps,
de la chaleur dans le feu, de la
lumière dans l'air, ainfi du refte.

Les Newtoniens ne font pas
tentés de prendre les ftations &
les rétrogradations pour réelles;
& la raifon eft, qu'ils en fçavent une explication toute fimple, qui, quoique contraire aux
préjugés de l'imagination & des
fens, eft plus conforme aux lu-
mières naturelles, & plus capable de gagner l'efprit. Qu'ils fe
défabufent donc pareillement de
l'attraction, & du vuide. Ce *vuide*, c'eft - à - dire fimplement,
*l'infenfibilité, & la non - réfiftance
des efpaces céleftes*, s'explique par-

faitement par le plein. Ces *attractions* fe réduifent à des *impulfions*
véritables. Molières, & Gamaches l'ont démontré. Le *vuide* &
l'attraction ne font donc, non plus
que les ftations & les rétrogradations, que de fimples apparences ; & il n'eft pas plus raifonnable d'ajoûter l'attraction à
l'impulfion, le vuide à la matière,
que d'ajoûter, au mouvement
direct, un mouvement rétrogra-
de, & un repos réel, afin d'expliquer par les trois ce que nous
obfervons des planètes.

Mais, autant qu'il eft clair qu'il
faut s'en tenir à la feule impulfion
& à la matière feule ; & qu'il n'eft
permis de recourir, ni à un troifiéme, ni à un quatriéme principe, non-feulement tandis qu'on
prouvera la fuffifance des deux
premiers, mais tant qu'on ne dé-
montrera pas leur infuffifance ab-

folue ; autant paroît - il sûr qu'on ne peut combiner l'impulfion & la matière d'une façon plus fimple, plus fatisfaifante, plus intelligible, & plus heureufe, qu'en fuivant le méchanifme connu & familier que nous préfente notre Hypothèfe des grands & petits Tourbillons.

Elevons - nous auffi, un moment, dans les efpaces célestes, à la fuite de Mr. Newton. Voilà le foleil environné de toutes les planètes. Il tourne fon axe, d'occident en orient, fans bouger de fa place. Toutes les planètes tournent dans le même fens, & envelopent le foleil dans leurs orbes. La terre, jupiter, & faturne voient pareillement autour d'eux les révolutions de leurs fatellites, toujours dans le même fens. Le foleil, & toutes les planètes compofent un Monde à part, un Monde abfolument indépendant des étoiles fixes, puifque

celles - ci ne participent à aucun
de fes mouvemens, & en font
d'ailleurs à des diftances qu'on
n'a pu mefurer jufqu'ici. Or,
pendant tout ce tournoiement de
toutes les planètes & du foleil,
quelle peut être, pour ainfi parler, la contenance de l'éther ?
On ne peut, ni le fuppofer immobile, ni le faire mouvoir felon une direction différente de
celle des planètes. Il refte donc
que tout s'accorde à tourner enfemble dans le même fens.

Nulle autre idée que celle du
Tourbillon ne fe préfente ici. Le
grand Tourbillon du foleil, les
Tourbillons des planètes font abfolument déterminés par le fiftême aftronomique ; & ce fiftême
aftronomique, comme le préten-
dent les Newtoniens entr'autres,
n'eft pas une hypothèfe. Ainfi,
quant au gros de l'Univers, pour
ainfi dire, on ne peut vifiblement
lui adapter que le méchanifme

des Tourbillons. C'eſt en effet le plus ſimple, le plus intelligible, & le plus naturel. Qu'y a-t'il donc encore de plus ſimple, de plus intelligible & de plus naturel, que d'employer ce même méchaniſme dans tous les détails ? Le Monde entier n'eſt qu'un fluide immenſe : car les ſolides que nous remarquons dans ſa capacité, relativement à ſa maſſe, ne ſont tous rien. Ce fluide eſt diſtribué en Tourbillons : mais pourquoi un fluide immenſe ne reſſembleroit-il pas à un très-petit ? Le Tourbillon ſolaire eſt au monde, ce qu'un élément d'eau eſt à une goute. La forme du Tourbillon ſolaire nous fera donc connoître la forme & la configuration des élémens de l'eau ; comme la vue & la diſſection d'un grand animal, nous apprend la compoſition & les parties eſſentielles des *fœtus* de l'eſpéce. Les grands Tourbillons ſont

les élémens de l'immenfité de
l'Univers, qui n'eft qu'un grand
fluide ; & la manière d'agir de
la Nature, pour nous impercep-
tible dans les petits détails, fe
montre tout - à - fait à découvert,
quand elle travaille en grand.

Ce font donc les principes em-
ployés à l'explication des phénomènes céleftes, qui doivent
expliquer enfuite tous les autres
effets. Le Newtonien doit inceffamment employer l'attraction &
le vuide ; &, fi ces principes font
légitimes & démontrés dans le
ciel, ils ne doivent pas devenir
des erreurs, & des abfurdités fur
la terre. Le Cartéfien doit pareillement s'en tenir au méchanifme des Tourbillons. S'il eft le
véritable, il doit tout expliquer ;
comme on peut dire auffi que, s'il
explique tout, il eft le véritable.

Mais on doit avouer, ce me

femble, que l'Hypothèfe de l'attraction, &c. eft bien éloignée de fuffire au détail des effets. Elle n'eft point du tout heureufe, fur la lumière, comme on l'a déja dit. Elle eft encore plus malheureufe, fur ce qui regarde le feu: car c'eft l'impoffibilité de l'expliquer qui l'érige en matière première. L'attraction eft-elle plus utile, pour l'électricité, & pour le magnétifme? A quoi fervent le *vuide*, & *l'attraction*, dans ce qui concerne les tuyaux capillaires? De quoi fert-elle pour expliquer la pefanteur des liqueurs en tout fens? De quoi fervent le vuide, & l'attraction pour expliquer ce merveilleux, cet incompréhenfible méchanifme attribué à la *matière ignée*, dans les phénomènes des liquides? A quoi fervent le vuide & l'attraction, pour l'intelligence du méchanifme des corps organifés?

Mr. de Maupertuits répond à cela,

(*Journal Encyclopédique, Juillet,*
1756, page 31) que l'Auteur de
la Nature emploie l'impulfion,
en petit; & l'attraction, en grand.
C'eft-à-dire, que les grands
mouvemens de la Nature mani-
feftent l'attraction, & que l'impulfion a lieu dans les petits.

Mais que deviendra cette ma-
xime, fi, relativement à l'Être
Suprême, il n'y a ni grand ni
petit? Et pourquoi lui attribuer
cette multiplicité de moyens ?
Cela fe doit-il attribuer à l'infiniment parfait, à l'infiniment
fage, à l'infiniment fimple ? On
peut le faire, de bouche. On
peut en prononcer les paroles :
mais, en les prononçant même,
on n'en croit rien. On voit, malgré foi, que la fimplicité eft le
caractère de la *Nature*, & que
jamais une voie compofée n'eft
fi *naturelle* qu'une voie fimple.

Quand Képler, avec fes ellyp-
fes, fupprima tous les épicycles,

E

& acheva de réduire tous les
mouvemens céleftes à la fimplicité du mouvemeut direct, il dé-
montra la fauffeté des fuppofitions
de Ptolomée, par la feule expo-
fition d'une voie plus fimple.
C'eft que tout le monde fçait que
la Nature épargne les moyens;
qu'elle n'en veut, ni de compofés, ni de multipliés; & qu'on
feroit fûr d'avoir rencontré véritablement fon fiftême, fi l'on étoit
bien affuré d'avoir rencontré le
plus fimple.

Il paroît même que les Newtoniens conviennent de cette ma-
xime. Car l'Aftronomie de Copernic, fimplifiée par Képler,
n'eft pas une hypothèfe, felon
eux. Que devroient - ils donc
penfer raifonnablement de la Phi-
lofophie Cartéfienne, qui nous
débarraffe fi naturellement de la
multiplicité de leurs principes,
qui réduit leur *vuide*, toutes leurs
attractions, toute la variété des

phénomènes, à un feul méchanifme familier, dont la géométrie démontre les régles; & qui, tandis qu'il eft le plus fécond en opérations merveilleufes, a les principes les moins compofés dont on puiffe jamais faire ufage?

A cela les Newtoniens répondent encore (*Journal Encyclopédique, ibid :*) que nous avons tort d'attribuer les phénomènes de l'attraction à l'impulfion d'une matière invifible, puifqu'on peut nous rendre la pareille, & attribuer les phénomènes de l'impulfion à l'attraction de quelque matière femblable.

Mais la rétorfion n'a aucune vraifemblance: car à quelle attraction peut-on attribuer la rapidité foudroyante d'un boulet de canon, la projection d'une bombe, le foulévement d'un baftion qu'une mine fait fauter, &c ? Car il ne fuffit pas de fuppofer une matière attirante: il faut démontrer que la poudre n'a aucune part à tous ces effets.

Au reste, qu'on explique tout par l'attraction, & que l'impulsion n'ait plus lieu, nous y consentirons plus volontiers qu'à admettre ensemble l'une & l'autre. Ce n'est pas tant *l'attraction* que nous refusons d'admettre, que sa *complication* avec l'impulsion. Qu'on nous en ôte une ; & nous admettons l'autre. Mais comme il n'y a nulle apparence qu'on fasse disparoître l'impulsion, nous croyons devoir rejetter l'hypothèse de l'attraction, comme fausse, comme indécente en bonne philosophie, & comme injurieuse à la Souveraine Sagesse, de laquelle, non - seulement les cieux, mais toutes les créatures racontent la gloire. *Psal. 18, 2.*

Mr. Newton voulant, avec raison, prévenir la répugnance

que le commun des Phyficiens, nouvellement débarraffé des *qualités occultes*, auroit apparemment pour le mot *d'attraction*, a foin de mettre cet avertiffement dans fes Principes, *page 5. Voces autem attractionis, impulfûs, vel propenfionis cujufcunque in centrum, indifferenter, & pro fe mutuò, promifcuè ufurpo ; has vires, non phyficè, fed mathematicè tantum, confiderando..... Undè caveat Lector ne per hujufmodi voces cogitet me fpeciem, vel modum actionis, caufamvè, aut rationem phyficam alicubi definire ; vel centris, quæ funt puncta mathematica, vires verè, & phyficè tribuere; fi fortè aut centra trahere, aut vires centrorum effe dixero............* Et, en un autre endroit du même Ouvrage, il dit: *Jàm pergo motum exponere corporum fe mutuò trahentium, confiderando vires centripetas tanquàm attractiones ; quamvis fortaffe, fi phyficè loqua-*

mur , veriùs dicantur impulsus....

Or on a cru , à cauſe de ces paſſages , & de quelques autres ſemblables , que jamais Mr. Newton n'avoit prétendu donner *l'attraction* pour une *cauſe* , mais ſeulement pour un *effet* ; & qu'ainſi le *vuide* ſeul demeuroit ſur le compte de Mr. Newton.

Mais on ne fait pas attention qu'en ſuppoſant le *vuide* , on ſe met dans la néceſſité de prendre l'attraction pour une cauſe. Car dès que les planètes nagent dans le vuide , il ne ſe peut plus que leur gravitation provienne d'impulſion. Cela eſt évidemment impoſſible , puiſque l'impulſion s'exerce par le choc , & que les planètes , dans cette ſuppoſition, n'ont rien autour d'elles qui les pouſſe.

On ne peut donc regarder la cauſe de la gravitation Newtonienne comme équivoque & douteuſe. Son origine eſt toute décidée. Elle ne peut venir que d'attraction. L'attraction conséquemment ne peut être qu'une *cause* ; & dans toutes ces protestations que fait Mr. Newton, ou il n'y a pas de sincérité, ou il y a très - peu de justesse.

On ne peut donc plus aussi, ni disculper le Newtonianisme d'une multiplication de principes, qui le rend irrégulier & difforme aux yeux des Physiciens; ni concevoir comment de célébres Philosophes, qui sçavent que la Philosophie n'a été décrassée qu'en simplifiant les principes, puisque c'est ainsi qu'on s'est débarrassé *des formes substantielles*, *des qualités occultes*, &c. se laissent si facilement engouer d'une composition de causes, qui tend encore à les replonger dans le même labyrinthe.

Nous allons finir ces Observations par une réflexion des plus fimples , mais qui peut tenir lieu de démonftration aux efprits attentifs, & à ceux qui font de caractère à approfondir tout ce qu'ils lifent.

Le fiftême Cartéfien eft fufceptible d'amélioration à l'infini. Il a fait faire une multitude d'excellens Ouvrages , d'Ouvrages folidement raifonnés. · Quand on lui a appliqué la géométrie, il s'eft développé, il s'eft étendu. Les Cartéfiens le rectifient & le perfectionnent fucceffivement. Plus il eft retouché & manié ; plus il devient fécond & riche. En un mot, Defcartes a ouvert une carrière magnifique. Il a appris à fes fucceffeurs à y courir plus loin que lui ; & il a la gloire d'être furpaffé par ceux qu'il a mis fur les voies.

Au contraire , l'Hypothèfe Newtonienne ne paroît fufceptible d'aucun progrès. Newton eft encore aujourd'hui le meilleur des Newtoniens, fi l'on peut ainfi parler. Son fiftême perd vifiblement à paffer en d'autres mains. Les calculs qu'il a appliqués aux objets éloignés, dont l'apparence eft équivoque, n'ont nulle application heureufe aux objets voifins, dont les apparences font certaines. Loin que les Newtoniens rectifient & perfectionnent ce fiftême, leurs commentaires le défigurent. En voulant l'appliquer au détail, ils en multiplient les paradoxes & les embarras ; & leurs ufages prétendus du Newtonianifme, font ce qu'il y a de plus capable de le rendre fufpect. De grands Génies, en fuivant la méthode de Mr. Newton, ne fçavent que répéter les explications qu'il a imaginées lui - même, & ne peuvent rien dire de fatisfaifant, quand ils en viennent aux phénomènes auxquels il a eu la prudence de ne pas toucher.

Mais des esprits médiocres, en suivant les principes & la maniere de procéder de Mr. Descartes, peuvent pénétrer bien plus avant, & faire voir, par mille développemens, la légitimité des principes & des vues générales de ce Grand Homme. D'où vient cette différence ? Le voici.

C'est que les principes de Descartes sont simples & vrais, que les idées sont lumineuses, que les vues générales sont naturelles. Voilà ce qui les rend susceptibles de développemens à l'infini ; ce qui les rend fertiles en conséquences, & en ressources ; ce qui leur donne cette universalité qui doit caractériser le vrai système, & que M.M. de Molières & de Gamaches ont rendue sensible dans leurs Ouvrages.

Mais les principes Newtoniens ne sont ni évidens, ni naturels. Le principe du *vuide* n'est ni démontré, ni susceptible de

démonſtration. Le vuide n'eſt
ni un être, ni une manière d'être.
Ce n'eſt ni une ſubſtance, ni
une modalité. Et ce qu'on peut
dire de clair & de raiſonnable
à ſon ſujet, c'eſt qu'il eſt impoſſible, & que c'eſt une chimère.

La diſtinction *d'eſpace pénétra-*
ble, & *d'eſpace impénétrable*, vient
de l'ignorance *de la nature & de*
l'origine de nos idées, comme je
l'ai démontré ailleurs. * C'eſt un
digne fruit du peripatétiſme moderne, qui reſſemble parfaitement
à l'ancien.

L'exiſtence de l'attraction,
comme cauſe, n'eſt pas plus certaine que celle du vuide. Nulle
évidence d'aucun côté. Le tranſport local des particules de la
lumière eſt monſtrueux, pour

---

* Eſſai ſur la Raiſon, p. [...] où
je fais voir par que[...] il y
a des eſpaces penetrables. Voyez aſſi l'Hypo-
théſe des petits Tourbillons, [...]

ainſi dire.   Eſt - il étonnant que de tels principes donnent un ſiſtême embarraſſé, un ſiſtême ſtérile, & qu'ils ne puiſſent conduire les Diſciples plus loin que le Maître ? L'irrégularité des principes an-nonçoit cette ſtérilité & ces em-barras, pour le détail ; mais ces embarras, à leur tour, & cette ſtérilité décélent la fauſſeté des principes, & font voir un ſiſtême qui n'eſt nullement dans le goût de la Nature.

VIIIᵉ. OBSERVATION,

Sur l'application du Cartéſianiſme moderne au premier Chapitre de la Geneſe.

IL ne ſera peut-être pas inu-tile, dans le temps où nous ſommes, d'obſerver que l'Hypo-thèſe complette des Tourbillons fournit l'explication littérale du premier chapitre de la Genèfe. Jufqu'à - préfent nulle hypothèfe phyfique n'a encore eu cette gloire ; & delà il eft arrivé deux inconvénients : 1°. Beaucoup d'honnêtes gens en ont pris occafion de décrier tous les fiftêmes: 2°. Beaucoup d'incrédules ont eu l'infolence de déclamer contre ce chapitre , & de critiquer le texte même. Les uns & les autres fe pourront détromper, en voyant l'explication fuivante, qui juftifie tout - à - la - fois Moyfe & la Phyfique.

EXPLICATION philofophique du premier Chapitre de la Genèfe.

MOyfe écrit pour rendre fenfible cette vérité fondamentale , que *le Monde, & tout ce qu'il renferme, font l'ouvrage de Dieu feul*; que Dieu feul eft auteur de la matière , & de tou-

tes les différentes *formes* qui conf-
tituent les divers corps. Pour
cela, après avoir énoncé la création de la totalité de l'Univers,
il fait remarquer les principaux
objets qui font impreſſion ſur les
ſens, comme le Ciel, la lumière,
le globe terraquée, les aſtres,
les plantes, les bêtes, & l'homme. Voilà les objets qu'a choiſis
Moyſe pour fixer l'attention des
eſprits : car ce n'eſt pas là tout.
Quand il fait dire à Dieu : *Que
la lumière ſe faſſe*; il pouvoit pareillement lui faire dire : *Que le
ſon ſe faſſe; ſoient faites les ſa-
veurs, les odeurs, & toutes les
qualités ſenſibles.* Il n'a parlé ni
des métaux, ni des minéraux, ni
des météores, ni de bien d'autres choſes. Il n'a, pour ainſi dire, conſidéré que les plus groſſes
piéces, ſe contentant de bien
avertir & d'inculquer *qu'elles ſont
de Dieu*, ſans en expliquer ni
la liaiſon, ni la nature intime,

ni aucun détail. Mais, avec toutes ces suppressions, les choses
sont racontées dans un ordre qui,
bien loin de déconcerter, comme on se l'imagine, la bonne
Physique, lui est au contraire
très - favorable, & peut même
faire paroître la solidité & la justesse de ses principes. Il ne faut
qu'entendre par *bonne Physique*
celle des Tourbillons grands &
petits. Voici comme les Physiciens, qui admettent cette hypothèse, peuvent expliquer les *quatre premières journées* ; car la formation des animaux, non plus
que celle des plantes, n'a pas
plus besoin d'être expliquée que
la création même du Monde ; ce
sont là des effets isolés d'autant
de volontés particulières : voici,
dis - je, comme ces Physiciens
peuvent entendre les quinze premiers versets.

Dieu créa d'abord le ciel, & la terre ; non pas tels qu'ils ſont aujourd'hui : la terre, par exemple, n'avoit encore ni clarté, ni ſolidité, ni conſiſtance, ni rien de tout ce qu'elle a maintenant de ſenſible. C'eſt-à-dire que Dieu commença par créer *l'étendue* de l'Univers, la ſimple *matière* dépourvue de toute forme & de toute qualité ſenſible ; idée qui ne préſente à l'eſprit qu'un immenſe *liquide*, à cauſe de ſon homogénéité, & de ſa non-réſiſtance à la diviſion de ſes parties.

La force mouvante s'appliqua bientôt à cette étendue homogène, à ce *liquide* immenſe ; & imprima un premier *mouvement* aux particules de cet abîme ténébreux.

Or, ſelon nous, le premier effet de l'application de la *force mouvante*, que l'Ecriture déſigne ici par le *Souffle* de Dieu, fut de diviſer la matière en Tourbillons indéfiniment petits, compoſés d'autres Tourbillons pareillement compofés, tant qu'il plut à Dieu de poufler la divifion de la matière. Après cette démarche, tout l'Univers ne fut encore qu'une mafle *liquide.* Il avoit précifément la forme que les Cartéfiens modernes donnent à l'éther. C'étoit un éther univerfel. Mais, dans une quantité notable de ces petits Tourbillons de l'éther, tant principaux que fubalternes, par le feul méchanifme orbiculaire, il fe forma des globes centraux ; & tout le refte demeura *pur.* C'eft-à-dire que l'éther entier, ou tout l'Univers fe trouva mêlé *d'eau :* car tous ces petits Tourbillons, avec leurs fubalternes ainfi leftés, étoient de *l'eau.* C'eft un des principes de l'*Hypothèfe des petits Tourbillons.* Et on peut dire qu'alors encore le *Souffle* du Seigneur s'appliquoit aux *eaux*, puifque les *eaux* du monde entier étoient enfemble éparfes, avec une certaine uniformité, dans toute l'étendue de la matière.

Après ce premier effet du *Souffle* Divin, Dieu détermina que *l'éther pur* feroit le véhicule de la lumière; comment la lumière fe propageroit; comment fe formeroient, en conféquence, les ombres des corps; & comment il y auroit ainfi une féparation entre la *lumière* & les *ténébres*. Il appella la lumière, le *jour*; & les ténébres, la *nuit*. Le déclin du jour fut appellé, *foir*; fon commencement, *matin*; &, à chaque révolution complette d'un *foir* & d'un *matin*, on devoit compter, à perpétuité, un *jour* complet. Voilà un premier établiffement du Créateur, que Moyfe appelle, la *première journée*. Nous verrons enfuite pourquoi Moyfe commence fes *journées* par le *foir*.

Il plut donc à Dieu de laiffer ainfi les chofes pendant l'efpace de vingt-quatre heures. Sur quoi il eft effentiel de remarquer attentivement ; 1°. qu'il s'agit ici du *véhicule*, ou, de la *caufe occafionnelle* de la lumière, & non de la lumière formelle : car la *lumière* formelle & les *couleurs* n'appartiennent pas au Monde que confidère Moyfe, c'eft-à-dire, au Monde des corps. Donc il s'agit ici de l'éther feul, que les Phyficiens appellent auffi la *matière lumineufe*, ou, la lumière confidérée felon ce qu'elle eft de la part des corps. 2°. Que ces mots, *Fiat Lux* . . . . *&* *divifit lucem à tenebris*, &c. ne marquent qu'une légiflation, & un arrêté pour la fuite ; & non pas une exécution, comme on le croit ordinairement. Ce qui paroît évident par la quatrième journée, qui porte l'exécution même de cet arrêté : car alors tous

les aftres commencent enfemble
à mettre la matière éthérée en
vibration , & à faire véritablement, dans le monde matériel,
ce qu'on appelle des jours &
des nuits, du foleil & de l'ombre , &c. C'eft-à-dire que ces
mots , *Fiat Lux, & facta eft Lux*,
fignifient. fimplement que la matière éthérée fut alors deftinée à
tranfmettre les vibrations des
corps lumineux , ou , qu'elle fut
conftituée *matière lumineufe* ,
mais qu'elle ne fut mife en exercice que dans la quatriéme journée ; fans quoi les verfets *14, 15,
16 , 17 & 18* feroient en contra-
diction avec les verfets 3., *4, 5*.
Paffons à la feconde démarche du
Créateur : la voici.

Dieu divifa toute l'étendue de
l'Univers en grandiffimes Tourbillons , qui , par le méchanifme
de leurs révolutions , rabattirent

tout ce qu'ils contenoient de petits tourbillons leftés , vers leurs
centres. L'équilibre de ces grands
Tourbillons donna à l'Univers
une forme conftante ; chaque
Tourbillon étant impénétrable
aux autres , & ayant ainfi une
confiftance durable dans la concavité de fon lieu externe , qui
le contenoit dans fes bornes. C'eft
ce lieu externe , ainfi contenant
& affermiffant le Tourbillon , que
la Vulgate appelle , *Firmament,*
Firmamentum , res firma. Le lieu
externe du Tourbillon folaire eft
notre *firmament* fait au milieu du
Ciel , où étoient éparfes toutes
les eaux. Les eaux furent fépa-
rées des eaux , à mefure que chaque Tourbillon rabattit les fien-
nes vers fon centre ; & le Ciel,
ou, le firmament refta pur & fe-
rein. Cette feconde démarche
eft appellée , *la feconde journée du*
Seigneur ; & il plut encore à Dieu
de laiffer ainfi les chofes , l'efpace
de vingt-quatre heures.

De la chute des petits Tourbillons leftés, fe formèrent toutes les maffes centrales qui occupent, fous différentes formes, les
centres des grands Tourbillons.
Car plufieurs de ces petits Tourbillons, trop embarraffés de maffes folides, perdirent la forme
d'eau, ce qui donna lieu à des fermentations, à des concrétions,
& à toutes fortes de formes.
(Voyez ci - deffus l'Obfervation
fur les Liquides.) Delà, le globe
terraquée, où la pefanteur can-
tonna les eaux, d'une part ; &
affermit la terre, de l'autre ; tandis que Dieu, par des volontés
particulières, y répandit, avec
profufion, des femences de toutes fortes de plantes. Voilà la
troifiéme journée du Créateur,
ou, le troifiéme tems de fon opération, auffi de vingt - quatre
heures.

Du même principe, fuit la formation du foleil & des autres aftres, qui fe trouvèrent bientôt en exercice. Alors commença la fucceffion des jours & des nuits; on eut de quoi diftinguer les années, marquer l'ordre des temps, ainfi du refte. C'eft la quatriéme journée du Seigneur, qui fut, comme les autres, de vingt-quatre heures.

Dans le cinquiéme jour, il produifit les habitans des eaux, & des airs. Dans le fixiéme, les habitans de la furface du globe : ce qui ne peut intéreffer la Phyfique, en aucune manière.

S'il a donc plu à Dieu de procéder ainfi fucceffivement, & pas à pas, dans la formation de l'Univers, & de diftinguer, dans fon opération, fix efpaces de temps, égaux à autant de révolutions de *foirs* & de *matins* ; il faut remarquer que la quatriéme journée, que rapporte Moyfe, a été la première journée formelle, & les trois premières ont été feulement des *journées équivalentes*, que Moyfe a cependant défignées par des révolutions de foirs & de matins, comme les autres ; parce que la notion de *foir* & de *matin* devoit demeurer inviolablement attachée aux premiers jours du Monde. C'eft que la terre & le foleil fe trouvèrent faits dans une telle pofition refpective, que cet aftre commença probablement les révolutions journalières, en partant du méridien du Paradis terreftre ; en mémoire de quoi, & pour conferver le fouvenir de la création, les Fêtes folemnelles du Peuple de Dieu commençoient dès la veille.

Moyfe avoit donc des raifons, & comme Hiftorien, & comme Légiflateur,

Légiflateur, de décrire la première femaine, en commençant
les jours par les foirs ; ou plûtôt
le St. Efprit infpira à Moyfe cette
defcription de jours, & de fe-
maines, que nul homme n'avoit
vus, pour mieux inculquer aux
Ifraëlites les droits de Dieu, &
pour accréditer fes Loix touchant
la Semaine, le Sabath, les Fêtes,
& veilles de Fêtes.

Telles ont pu être les raifons
de l'Auteur facré pour décrire
le Sabath, la Semaine, & les
jours, fi la formation des êtres
a été fucceffive, comme on le
penfe. Mais ces raifons demeu-
reroient les mêmes, & confer-
veroient toute leur force, quand
cet ordre de la formation des
êtres ne feroit qu'un ordre de
conception & de raifon, comme
on diftingue des priorités & des
poftériorités de raifon entre les
décrets de Dieu. Le fecond chapitre de la Genèfe, *verfets 4 & 5,*

F

& le dix-huitième chapitre de l'Ecclésiastique , *verset 1er.* , ont fait soupçonner autrefois à St. Augustin cette succession de raison dont je parle ; & d'autres considérations induisent encore à penser la même chose.

Par exemple , si la formation des êtres a été successive , comme on le pense ; les ténèbres , & le *Souffle* sur les eaux ayant précédé la lumière , on ne sçait de combien ; le premier jour ne commence point avec la création , puisque celle-ci commence par une profonde nuit , & le premier jour par une vêprée ; auquel cas l'Historien Sacré ne nous aprendroit pas l'âge du Monde , ou plûtôt l'âge de la matière du Monde.

Revenons à notre Hypothèse des Tourbillons grands & petits. On voit qu'elle s'accorde entièrement avec la narration de l'Auteur Sacré, & que la bonne Phy-

fique & l'Ecriture font parfaitement à l'uniffon. Sans doute que
tous les Incrédules, qui ont la
témérité & l'infolence de critiquer Moyfe, n'ofent fe déclarer
contre lui que parce qu'il leur eft
impoffible d'appliquer leur fiftè-
me à fon récit : mais ils p uvent
voir ici que cette impoffibilité
pourroit malheur ufement provenir de la défectuofité de leurs
principes, puifqu'une hypothefe
claire & fimple, qui fe dévelope
naturellement, nous mène de
vraifemblance en vraifemblance,
pour ne rien dire de plus, à l'explication littérale de ce qui ren-
verfe toutes leurs idées.

*Voici donc tout l'ordre de la for-
mation des Etres, foit réellement
fucceffif, foit de raifon.*

D Ieu crée l'é-   C REAVIT
tendue, dépour- *Deus cœlum*
                       F ij

vue de toute qua-   *& terram.*
lité senfible.

    La force mou-   *Et Spiritus*
vante s'applique à   *Dei ferebatur*
ce liquide immen-   *fuper aquas.*
fe, & le divife en
petits Tourbillons
compofés, dont
plufieurs portent
des globes cen-
traux ; delà l'*éther*
mêlé d'*eau.*

    Dieu régle que   *Fiat Lux.*
l'*éther* fera le vé-
hicule de la *lumiè-*
re, comment elle
fe propagera, &c.;
delà la diftinction
de la *lumière* & de
l'*ombre*, &c.

    Tout le monde   *Fiat Firma-*
eft partagé en   *mentum in me-*
grands Tourbil-   *dio aquarum.*
lons. Le lieu ex-
terne de chaque
Tourbillon eft fon

Firmament, parce . . . . . . qu'il l'affermit, & . . . . . . le contient dans . . . . . . ſes bornes. . . . . .

Chaque grand   *Et dividat* Tourbillon rabat *aquasabaquis.* ſes *eaux* vers ſon . . . . . . centre. . . . . .

La chûte des   *Et appareat* petits Tourbillons *arida.* . . . leſtés forme, dans . . . . . . les grands Tour- . . . . . . billons, des maſ- . . . . . . ſes centrales. Delà . . . . . . le globe terraquée . . . . . . & les différentes . . . . . . concrétions qui . . . . . . font les divers . . . . . . corps ſolides. . . . . .

Du même mé-   *Luminare* chaniſme ſuit la *majus.*. . . . formation du ſo-   *Luminare* leil, de la lune, *minus.*. . . . & des étoiles ; . . . . . . delà les jours, les . . . . . . mois, les années, ... les conſtellations. . . . .

CONCLUSION.

IL semble donc que toutes ces remarques nous justifient en général l'Hypothése complette des Tourbillons grands & petits. Mais cette Hypothése est si féconde, & fournit si abondamment, dans le détail, des explications possibles, qu'il n'est pas facile de discerner les vraies des vraisemblables; & qu'on ne peut garantir la vérité de ses explications particulières. Ainsi, quand on sera mécontent de mes développemens particuliers, ce sera ma faute, & nullement celle de l'Hypothése que j'explique. Qu'on la retourne autrement : elle fournira autre chose. Le

temps, l'expérience, une indui-
trie laborieuse pourront peut-être
ensuite déterminer le vrai mecha-
nisme en bien des cas. Mais ce
ne sera jamais qu'à la longue.

J'ose bien assurer neanmoins
que tout n'est pas à faire ; &
quoique les divers etats des petits Tourbillons nous presentent
une infinité de combinaisons equi-
valentes, entre lesquelles il est
difficile de distinguer les vraies,
des fausses ; je crois qu'on peut
déja cependant compter sur plusieurs chefs.

Je ne puis pas bien assurer,
par exemple, quelle combinaison particulière, de petits Tourbillons & de matière solide, com-
pose chaque liqueur : Mais je ne
puis douter, en général, que les

F iv

liquides ne confiſtent en petits Tourbillons portans des particules qui n'ont pas la même forme. Leur élaſticité annonce l'un ; leur peſanteur prouve l'autre.

Ce n'eſt peut-être pas préciſément, comme je l'ai dit, que de petits Tourbillons chargés de matière hétérogène compoſent les métaux : Mais je ne doute pas qu'en général les métaux & les minéraux ne ſoient originairement des liquides glacés ; non ſeulement parce qu'on expérimente que, par la violence de la chaleur, ou autrement, ils deviennent liquides ; mais parce que, de liquides, ſans aucun artifice, ils redeviennent minéraux, métaux, & ce qu'ils étoient.

Je puis n'avoir pas rencontré

les véritables combinaisons, en expliquant les effets du *feu*, de la *fermentation*, du *tonnerre*, &c. Mais je suis persuadé que le feu consiste en Tourbillons rompus ; que le défaut d'équilibre entre les élémens de deux liqueurs produit leur fermentation , & que les orages & le tonnerre sont des effets de fermentations excitées dans les centres de plusieurs Tourbillons d'air emportés & enveloppés dans un plus grand, qui couvre tout un pays. Il n'y a que cette idée qui puisse quadrer avec ce qu'on sçait présentement de ce météore , depuis qu'on l'a observé de dessus des montagnes plus hautes que lui.

Que l'on puisse combiner autrement & plus heureusement que

je ne l'ai fait , dans l'électricité &
dans le magnétisme, les jeux des
diverses atmosphères qui composent celle d'un corps, je le crois facilement : mais je crois, en même
tems , qu'à mesure qu'on avan-
cera , on reconnoîtra de plus en
plus la vérité de ce principe général , *qu'un liquide est composé de*
plusieurs liquides ; une atmosphère
de plusieurs atmosphères; un milieu,
de plusieurs milieux * ; qu'ainsi la
matière magnétique est un *milieu*
particulier , qui circule oblique-
ment à l'équateur terrestre , à
l'exemple des circulations obli-
ques des planètes, des comètes, &
de la lune ; que l'atmosphère magnétique d'un *aimant*, ou d'un *fer*,
est une atmosphère particulière ,

---

* Voyez la première Figure.

qui a son jeu à part; que la matière électrique est un *milieu particulier*, une ou plusieurs des atmosphères particulières qui composent la totale du corps ; que ce milieu se trouve dans toutes les atmosphères des corps électrisables ; qu'il s'irrite par le frotement, qu'il fermente & se dilate ; qu'étant subitement & extrêmement dilaté au-dedans d'un corps, il en sort avec impétuosité par diverses ouvertures, à l'imitation de ces flammes venteuses qui sortent quelquefois d'un bois qui brûle ; que ce milieu bouffi & courroucé contraint d'autres milieux, par sa surabondance, de se retirer à la ronde, jusqu'à ce qu'enfin la résistance de la concavité, qu'ils forment ainsi, oblige cette ma-

tière dilatée à se replier sur elle-
même. Delà le double cours qui
étonne tout le monde. Si de ce
corps électrisé, on en approche
un autre qui ne le soit pas, aussi-
tôt l'atmosphère, qui est en fermentation, y met l'autre; celle-
ci sort avec précipitation, comme
la première, & emporte, par
l'animosité de son éruption, le
second corps vers le premier, si
le second est bien léger. Alors
les deux atmosphères sortant à la
fois, & soufflant ensemble en
sens contraires, se vainquent al-
ternativement; & le corps léger
est emporté par l'un & par l'autre
tour à tour, &c.

Je crois, dis-je, que ce principe général, pour l'explication
de l'électricité, est naturel & so-

lide. D'autres en tireront des détails plus heureux que les miens. Ils auront le même avantage , en plusieurs autres articles ; & je n'en serai point jaloux : car, avec tous ces avantages, connoîtront-ils sûrement la vérité ? Distingueront-ils avec certitude, comme je l'ai déjà observé , le vrai , du vraisemblable ? Seront-ils jamais en état d'assurer d'aucun corps : *C'est telle combinaison , & non une autre : de tels élémens , & non d'autres ?* Je pense qu'on n'en viendra jamais à ce dégré de précision ; & voilà justement cette *Physique* que le Sage assure qu'on ne peut sçavoir , *la Physique des derniers détails.* En ce sens il est très-certain que , depuis le cédre jusqu'à l'hyssope , tout est mystère dans la Nature (*a*). On aura beau examiner, faire des expériences, & analyser ; on ne sera jamais sûr de rien. Mais voilà aussi ce qui ne doit guères piquer la curiosité de l'homme. Rien ne nous doit être plus indifférent que les *derniers détails*, dont je parle. Le sistême du Monde, le dessein général, les causes des phénomènes généraux, en un mot, si l'on peut s'exprimer ainsi, *le gros de la Nature*, voilà ce qui peut tenter la raison. Voilà la seule Physique possible, la seule où il y ait à profiter pour l'esprit, & la seule enfin,

_____

(*a*) Le verset 17 du chapitre 8e. de l'Ecclésiaste, ne regarde pas la Physique, mais les œuvres de la Providence, comme la prospérité des impies, &c., & en général, le Monde moral.

pour laquelle je me fuis mêlé de prendre la plume.

Ce n'eft pas même un zèle bien pur pour la perfection de cette fcience, qui m'a engagé à écrire. Je n'ai qu'une eftime médiocre pour les connoiffances de ce genre : Mais je fuis fi las d'entendre vanter le Newtonianifme, d'entendre prôner des obfcurités, des paradoxes & des myftères (*a*), que je ne puis m'empêcher de faire fentir, autant qu'il m'eft poffible, que le commun des Phyficiens donne

_____

(*a*) Les attractions centrales, les attractions fuperficielles, les attractions *in diftans*, les attractions de contact, les fympathiques, les magnetiques, les électriques, les attractions qui fe changent en forces repouffantes, autant de fortes d'attractions que d'effets à expliquer. Telles font les richeffes des Newtoniens: vit-on jamais rien de plus pauvre ?

groſſièrement dans le travers. Si je n'adore pas la bonne Phyſique, je déteſte la mauvaiſe ; & je voudrois, s'il étoit poſſible, qu'on n'eût point à reprocher à la France, d'avoir ſçu *faire* un art de penſer, & de n'en pas ſçavoir faire uſage.

F I N.

J'Ai lu, par ordre de Monſeigneur le Chancelier, un Manuſcrit, intitulé : *Obſervations ſur le Cartéſianiſme moderne*, & je n'y ai rien trouvé qui m'ait paru devoir en empêcher l'impreſſion.

A Paris, le 30 Juillet 1772.

M A R I E.